A380

ACHIM FIGGEN | KARL MORGENSTERN | DIETMAR PLATH

A380

Der Mega-Airbus im Linieneinsatz

Unser komplettes Programm:
www.geramond.de

Produktmanagement: Dr. Wolf-Heinrich Kulke, Aurel Butz
Layout: imprint Zusmarshausen
Repro: Cromika sas, Verona
Herstellung: Thomas Fischer
Printed in Spain by Tallers Grafics, Soler

Alle Angaben dieses Werkes wurden von den Autoren sorgfältig recherchiert und auf den aktuellen Stand gebracht sowie vom Verlag geprüft. Für die Richtigkeit der Angaben kann jedoch keine Haftung übernommen werden. Für Hinweise und Anregungen sind wir jederzeit dankbar. Bitte richten Sie diese an:
GeraMond Verlag
Lektorat
Postfach 40 02 09
D-80702 München
e-mail: lektorat@verlagshaus.de

Bildnachweis
(siehe auch Seite 127)

Umschlagvorderseite: Airbus/Michael Lindner
Umschlagrückseite: Airbus/Michael Lindner

Die Deutsche Nationabibliothek verzeichnet diese Publikation in der Deutschen Nationalbibliografie; detaillierte bibliografische Daten sind im Internet über http://dnb.d-nb.de abrufbar.

5., vollständig durchgesehene und überarbeitete Neuauflage 2010
© 2010, 2005 by GeraMond Verlag GmbH, München

Alle Rechte vorbehalten
ISBN 978-3-7654-7055-4

Inhalt

Karl Morgenstern Die Geschichte 8
Vom VLCT-Programm zur A380

Achim Figgen Die Produktion 18
Einzelteile aus aller Welt

Karl Morgenstern Der Transport 26
Zu Lande, zu Wasser und in der Luft

Karl Morgenstern Der Erstflug 38
27. April 2005 – ein historischer Tag für die Luftfahrt

Achim Figgen Die Triebwerke 52
Die Qual der Wahl

Achim Figgen Die Erprobung 64
Stunde(n) der Wahrheit

Achim Figgen Das Cockpit 74
Fliegen am Computer

Karl Morgenstern Die Kunden 80
202 Bestellungen von 17 Gesellschaften

Karl Morgenstern Die Lufthansa 92
Das neue Flaggschiff für den Kranich

Achim Figgen Die Flughäfen 102
Bereit für den Super-Jumbo

Karl Morgenstern Der Standort Hamburg 110
Neues Panorama an der Elbe

Achim Figgen Das Flugzeug 120
Die Großraumlösung für den wachsenden Flugverkehr

Die Autoren 127

Bildnachweis 127

Die Geschichte
Vom VLCT-Programm zur A380

DIE GESCHICHTE

Als der langjährige Boeing-Chef Phil Condit (unten) einen letzten vergeblichen Versuch unternahm, das europäische Projekt A3XX zu Fall zu bringen, wusste EADS-Aufsichtsratsvorsitzender Manfred Bischoff (oben) endgültig, dass die Europäer auf dem richtigen Weg waren. Manfred Bischoff sorgte gemeinsam mit Gustav Humbert auch dafür, dass in Hamburg-Finkenwerder die A380-Endausstattung etabliert wurde und das deutsche Airbus-Zentrum damit erheblich an internationaler Bedeutung gewann.

Der genauso charismatische wie eigenwillige Boeing-Boss Phil Condit hat viele Jahre lang zum Aufstieg des führenden amerikanischen Luft- und Raumfahrtkonzerns beigetragen. Doch letztlich scheiterte er sowohl an seiner Selbstüberschätzung als auch an der Fehleinschätzung der Airbus-Strategie.

Es war ein letzter, schon fast verzweifelter Versuch, einen längst abgefahrenen Zug noch zu stoppen. Und er warf ein bezeichnendes Licht auf die Mentalität selbst weit gereister und weltgewandter amerikanischer Manager: Europäisches Denken und Handeln ist vielen der renommiertesten und erfolgreichsten US-Wirtschaftsführer noch immer fremd – nicht nur US-Politikern. Sobald die amerikanische Mixtur aus Pragmatismus und Selbstbewusstsein auf einen ebenso selbstbewusst agierenden euopäischen Partner oder Konkurrenten trifft, kann es „krachen". Phil Condit, viele Jahre lang charismatischer und mächtiger Boeing-Chef, ehe er an seiner autokratischen Haltung scheiterte und gefeuert wurde, machte da keine Ausnahme. Es war im Sommer 2000. Ein gutes halbes Jahr, nachdem die Airbus-Partner aus Frankreich, Deutschland, Großbritannien und Spanien endgültig „grünes Licht" für den Bau des „Europäischen Jumbos" A3XX gegeben hatten. De facto war die Entscheidung über die Entwicklung und den Bau des bis dato größten Verkehrsflugzeuges schon im April 1996 gefallen, als die Airbus Industrie die Large Aircraft Division für alle mit der Entwicklung des geplanten Großraumflugzeuges zusammenhängenden Arbeiten gegründet und den deutschen Ingenieur und Konstrukteur Jürgen Thomas zu ihrem Leiter ernannt hatte. Er wurde der „Vater des Airbus A380". Er war schon Anfang der 90er-Jahre mit der Führung einer Arbeitsgruppe beauftragt worden, die sich mit dem neuen Projekt befasste. Das alles wusste Phil Condit, als er Manfred Bischoff, Vorstand von DaimlerChrysler und Aufsichtsratsvorsitzender des gerade geschaffenen europäischen Luft- und Raumfahrtkonzerns EADS, anrief und ihn um ein baldiges Gespräch unter vier Augen bat. Manfred Bischoff sagte zu. Er hatte ohnehin wenige Tage später in New York zu tun. Phil Condit war zufrieden. Er müsse nach Washington. Alles passte. Er werde mit seinem Firmenjet zwischenlanden und dann könne man auf dem gemeinsamen Flug in die US-Hauptstadt ungestört miteinander reden. So kam es.

Als der Firmenjet des Präsidenten des bedeutendsten Flugzeugherstellers der Welt die Reiseflughöhe erreicht hatte und es sich die beiden Manager in den Clubsesseln bequem gemacht hatten, legte Phil Condit zielstrebig los und kam gleich zur Sache: „Die A3XX, die Ihr bei Airbus jetzt offensichtlich bauen wollt, wird doch mit erheblichen Subventionen der beteiligten Staaten finanziert. Das werden wir nicht hinnehmen." Manfred Bischoff, der bis zuletzt über die wahren Absichten des populären Amerikaners gerätselt hatte, begriff: Phil Condit wollte unter allen Umständen verhindern, dass Airbus das neue Großraumflugzeug baut und damit der Boeing 747 Konkurrenz macht. Offiziell war das Programm zwar noch nicht gestartet – es sollte der 19. Dezember 2000 werden –, aber dass die europäischen Flugzeugbauer nach langen und schwierigen Verhandlungen entschlossen waren, den doppelstöckigen Jet zu bauen, stand mittlerweile fest.

Den Vorwurf unberechtigter Subventionen parierte der Deutsche mühelos: „Wir bekommen ein Darlehen über 25 Prozent der Entwicklungskosten und ein weiteres über acht Prozent. Beide sind rückzahlbar unter genau definierten Bedingungen." Im Übrigen sei das alles nachprüfbar und konform mit dem Airbus-Accord von 1992, in dem Europäer und Amerikaner faire Wettbewerbsbedingungen festgezurrt hatten. Doch Phil Condit gab nicht auf. Er zog alle Register und wiederholte alle Argumente, mit denen die Amerikaner schon wiederholt aufgetreten waren. Vor allem: Das neue Flugzeug werde ein großes Verlustgeschäft für die Europäer. Als alles nicht fruchtete, drohte Phil Condit – bei exquisiten Snacks und erfrischenden Drinks – unverblümt, er werde als Chef des größten Flugzeugherstellers der Welt und des bedeutendsten Exportunternehmens der USA die amerikanische Regierung ersuchen, Strafzölle gegen die Europäer wegen unerlaubter Subventionen und wegen unfairen Wettbewerbs zu verhängen. Die anfangs noch legere Atmosphäre zwischen den beiden Managern, die sich seit Jahren gut kannten, wich zunehmend einem recht frostigen Klima. „Ich weiß nicht, ob es sehr klug ist, wenn du diesen Streit anfängst", erklärte Manfred Bischoff kühl. „Als Präsident Clinton seine letzte Rede hielt, stand eine Boeing 747 in den Farben von Air France im Hintergrund. Du wirst ja wissen, warum du um die Gunst der Franzosen buhlst. Ich weiß nicht, ob es besonders gescheit ist, wenn du dann Strafzölle auf unsere Flugzeuge erheben willst."

Phil Condit drohte mit Strafzöllen in den USA

Das Gespräch, dessen Inhalt in der EADS-Chefetage protokolliert existiert und noch heute bei jedem Leser verwundertes Kopfschütteln auslöst, nahm absurde Züge an. Phil Condit: „Nein, ich will keine Strafzölle auf Airbus, sondern auf die Produkte der beteiligten Firmen." Manfred Bischoff: „Ach so, auf Mercedes. Das ist eine gute Idee! Weißt du, was das Erste ist, was wir dann machen? Dann schließen wir ein Werk in den USA! Du glaubst doch nicht, dass DaimlerChrysler keine kommunizierenden Röhren hat. Wenn du die amerikanische Regierung dazu bringst, Strafzölle zu erheben, werden wir sofort in den USA zurückschlagen. Und dann sage ich der Gewerkschaft der Automobilarbeiter, UAW, bei wem sie sich beschweren kann. Nicht bei mir. Sie sollen dann zu dir gehen!" Grimmig fügte Manfred Bischoff hinzu: „I will see you in the face of the UAW." Das Gespräch wurde umso hitziger und kontroverser, je mehr sich der Jet Washington näherte. Und die gegenseitigen Drohungen wurden deutlicher. Doch dann kam – wie aus heiterem Himmel – die überraschende Wende. Phil Condit ruderte zurück. Er tat geradezu so, als habe er sich nur mal ganz unverbindlich über den Stand des Airbus-Projektes informieren wollen. Und fügte hinzu: „So ganz hast du mich nicht von euren Plänen überzeugt." Da rollte der Jet schon auf seine

Der „Vater des Airbus A380": Jürgen Thomas

Der Leipziger Jürgen Thomas, Jahrgang 1937, der an der Technischen Universität München Maschinenbau und Aerodynamik studiert hat, begann seine eindrucksvolle Laufbahn, die ihn in die erste Reihe der europäischen Flugzeugbauer in der Ära nach dem Zweiten Weltkrieg führen sollte, 1962 bei der Ernst Heinkel GmbH. Drei Jahre später landete er – wie so viele engagierte junge deutsche Flugzeugbauer vom späteren Bahnchef Hartmut Mehdorn bis zu den Flugzeugkonstrukteuren Rolf Stüssel (VFW 614) und Udo Dräger (BELUGA) – bei den Vereinigten Flugtechnischen Werken (VFW) in Bremen, die zur großen Kaderschmiede der wieder aufstrebenden deutschen Luftfahrtindustrie wurden. In Bremen war er in vielen verantwortlichen Rollen an der Entwicklung so gut wie aller zivilen und militärischen Projekte beteiligt, mit denen sich VFW damals zu profilieren versuchte, und wurde 1971 Projektleiter für zivile Transportflugzeuge.

Als Chefingenieur des aufwändigen Airbus A310-Programms und später als Manager des kompletten A300/A310-Programms nahm er von 1976 bis 1988 eine wichtige Schlüsselstellung in der Airbus Industrie in Toulouse ein, wo er ab 1984 als Senior-Vizepräsident für die Produktion zuständig war. Nach seinem Wechsel nach Hamburg im Jahre 1988 wurde Jürgen Thomas Chefplaner des anfangs viel gefeierten und am Ende doch gescheiterten deutsch-chinesischen Gemeinschaftsprojektes MPC 75 und parallel verantwortlicher Direktor des europäisch-amerikanischen VLCT-Programms. Dieses fast utopische Projekt eines gemeinsamen transatlantischen Großraumflugzeuges scheiterte schließlich an der Unvereinbarkeit der Interessen. Jürgen Thomas heute: „Im Grunde war es ein von vornherein tot geborenes Kind, weil sich die Amerikaner nie aus der Führungsrolle hätten verdrängen lassen. Aber beide Seiten haben trotzdem viel voneinander und miteinander gelernt."

Jürgen Thomas' Sternstunde schlug am 1. März 1996, als er verantwortlicher Senior-Vizepräsident für die neue „Large Aircraft Division" wurde, die wenige Wochen später dann auch offiziell geschaffen wurde, und damit die Verantwortung für das milliardenschwere A3XX-Programm übernahm. Gleichzeitig wurde in Zürich endgültig das transatlantische VLCT-Projekt beerdigt. Jürgen Thomas, heute Mitglied des Airbus-Exekutiv-Komitees, hat als „Vater des Airbus A380" der europäischen Luftfahrtindustrie den Weg ins 21. Jahrhundert gewiesen und mit seinem beispiellosen persönlichen Einsatz das mit Abstand aufwändigste Airbus-Projekt organisiert sowie gegen alle Widerstände durchgesetzt. Er war immer Pragmatiker und Visionär zugleich – das war die Voraussetzung zur erfolgreichen Bewältigung des „Jahrhundertprojektes". Der deutsche Ingenieur und Konstrukteur, der in der internationalen Luftfahrtindustrie als „Mann für schwierige Fälle" gilt, erklärt heute mit Stolz: „Der Airbus A380 ist die größte Herausforderung meines Lebens gewesen". Wohl wahr. „Das Flugzeug mit der ganz anderen Physik" wird immer mit seinem Namen verbunden sein. Umso mehr hat es ihn geärgert, als „sein Flugzeug" bei der ersten offiziellen Präsentation wenig schmeichelhaft als riesiges Pummelchen bezeichnet wurde. Jürgen Thomas: „Wir wollten keinen Schönheitspreis gewinnen, sondern ein großes Flugzeug mit neuen Dimensionen schaffen. Dieses Flugzeug entstand nach den Gesetzen der Physik und Aerodynamik. Und wir sind dabei an die Grenzen des technisch Machbaren gegangen."

In Anerkennung dieser Leistung wurde Jürgen Thomas schon 2001 vom führenden britischen Luftfahrtmagazin „Flight International" als „Persönlichkeit des Jahres" der Luft- und Raumfahrtindustrie ausgezeichnet. Der Senat der Hansestadt Hamburg verlieh ihm den Ehrentitel Professor – eine Auszeichnung, mit der an der Elbe regelmäßig Persönlichkeiten gewürdigt werden, die sich auf dem Gebiet der Wissenschaft, Forschung und Kunst „hervorragende Verdienste" erworben haben.
Sein Nachfolger als A380-Programmchef wurde der französische Ingenieur Charles Champion, dessen erste große Aufgabe die Entwicklung des in Hamburg gefertigten Airbus A321 war.

Parkposition zu. Auf die Bemerkung Manfred Bischoffs, er habe den Eindruck gehabt, Phil Condit hätte ihm die A3XX ausreden wollen, antwortete Phil Condit lässig-unverbindlich: „Nein, wie kommst du darauf." Manfred Bischoff flog zufrieden nach Hause. Wenn es noch eines Beweises bedurft hätte, dass die Europäer mit ihrer Entscheidung für den „Großen Europäer" auf dem richtigen Wege waren, dann war es dieses Gespräch gewesen. Der Boss des größten Luft- und Raumfahrtkonzerns drohte, weil es ihm seine letzte kleine Chance zu sein schien. Und es war der unmissverständliche Beweis, dass Boeing den europäischen Konkurrenten inzwischen sehr ernst nahm – so ernst wie nie zuvor – und dass man in der Führungsetage des Unternehmens erkannt hatte, was der bevorstehende A3XX-Programmstart wirklich war: Die letzte wichtige Attacke der Europäer auf die einzige noch verbliebene Boeing-Bastion.

Bis dahin hatten die US-Amerikaner ihre europäische Konkurrenz nie sonderlich ernst genommen, obwohl sich das mit dem Höhenflug der A320-Familie doch schon deutlich verändert hatte. Das Wort des im Oktober 2002 verstorbenen Deutschen Felix Kracht, der als einer der „Väter des Airbus" gilt, war längst manifestierte Erkenntnis: „Der größte Fehler der Amerikaner war es, dass sie uns maßlos unterschätzt haben. Das bereuen sie noch heute. Das war unser großes Glück." Dass in den Chefetagen der amerikanischen Flugzeugbauer die Gründung der Airbus Industrie am 18. Dezember 1970 in Paris kaum registriert wurde, war noch genauso verständlich wie ihr mitleidiges Lächeln über die Europäer in den folgenden Jahren, als jeder einzelne Airbus-Verkauf in Toulouse noch mit einem Freudenfest gefeiert wurde. Dass man aber in Seattle auch in den 80er-Jahren noch immer nicht begriffen hatte, welche neue Macht in Europa aufblühte, erscheint heute unverständlich.

DIE GESCHICHTE

Jürgen Thomas, der „Vater der A380", zollt Jean Pierson, der in den 80er-Jahren als Airbus-President eine Schlüsselrolle beim Höhenflug der europäischen Flugzeugbauer gespielt hat, noch heute höchsten Respekt: „Er ist ein ganz großer Europäer. Er war immer hart, unerbittlich und mitleidlos bei der Durchsetzung seiner Ziele, aber er war immer fair – und er hat sich dabei auch oft gegen französische Vormachtvorstellungen gewandt. Er war eben Europäer.
Jean Pierson hat die A320, die A330 und die A340 durchgesetzt und ohne ihn gäbe es heute keinen Airbus A380."

Aufgewacht sind die Amerikaner eigentlich wirklich erst am 10. Juli 2000, als die trinationale European Aeronautics Defence and Space Company (EADS) gegründet wurde, die 80 Prozent Anteile an Airbus hält und die Geschicke der Flugzeugbauer weitgehend frei von staatlichen Einflüssen und vorrangig nach unternehmerischen Prinzipien bestimmen konnte.

Der Zug war endgültig abgefahren. Der letzte Versuch der Amerikaner, das größte und aufwändigste Projekt in der Geschichte der zivilen Luftfahrtindustrie doch noch zu verhindern, war gescheitert, nachdem bereits im Frühjahr 1996 die letzten Verhandlungen zwischen Airbus und Boeing über das gemeinsame VLCT-Projekts (Very Large Commercial Transport Projekt) abgebrochen worden waren. Gescheitert sind diese Verhandlungen nicht zuletzt daran, dass Boeing ein sehr großes Flugzeug mit über 600 Sitzen haben wollte, Airbus ein etwas kleineres. Tatsächlich aber ging es gar nicht um technische oder konzeptionelle Details. „Die wollten uns nach oben wegdrücken, um das Monopol der 747 zu erhalten", erklärte Manfred Bischoff später. Es hatte sich bewahrheitet, was skeptische Franzosen von vornherein prophezeit hatten: Boeing habe die Gespräche im Grunde nur benutzt, um die Konkurrenz von der letzten Entscheidung über ein eigenes Programm abzuhalten. Die treibenden Kräfte bei den transatlantischen Verhandlungen waren bemerkenswerterweise immer – zum großen Ärger des verdienstvollen einstigen Airbus-Chefs Jean Pierson, der das Spiel der Amerikaner besser durchschaute – die Deutschen gewesen. Für Jürgen Thomas, der wie kaum ein Zweiter in alle europäisch-amerikanischen Verhandlungen eingebunden und mit der neuen Technologie des Mammutprojektes besser vertraut war als die meisten Gesprächspartner, steht heute fest: „Das Scheitern der Gespräche mit den Amerikanern Mitte der 90er-Jahre war letzten Endes der endgültige Beginn des späteren A380-Programms. Es war der letzte Push." In dieser Phase wurde Jürgen Thomas aktiv und schlug die Gründung der Large Aircraft Division vor. Der ehemalige Airbus-Präsident Jean Pierson, der schon Ende der 80er-Jahre prophezeit hatte, in wenigen Jahren werde Airbus mit Boeing gleichziehen, empfahl prompt, Jürgen Thomas nach Toulouse zurückzuholen und ihm das A3XX-Programm anzuvertrauen. Jürgen Thomas' Urteil über Jean Pierson: „Wenn es einen Mann gegeben hat, der sich in alle Probleme buchstäblich hineingekniet hat, dann war das Jean Pierson. Ohne ihn wäre die A380 nicht gelaufen. Auch sein Nachfolger Noel Forgeard", betont Jürgen Thomas, „hat sich immer gründlich informiert, hat jeden Bericht durchgearbeitet und sich intensiv um alle Probleme bemüht." Andererseits steht fest: Noel Forgeard konnte die Früchte der Arbeit des Pierson-Teams ernten.

Der große Gegenpol war Jürgen Schrempp. Der deutsche DaimlerChrysler-Chef, der in der Luftfahrtindustrie trotz seiner Interimsrollen in dieser Branche nie richtig heimisch wurde, hat bis zuletzt – vergeblich – die Kooperation zwischen Airbus und Boeing gesucht und auf die transatlantische Karte gesetzt. Er genoss dabei auch die Unterstützung des einstigen Airbus-Programmdirektors und späteren Bahnchefs Hartmut Mehdorn. Jürgen Thomas' hartes Urteil heute: „Da war nichts strategisch durchdacht. Das waren doch letzten Endes immer nur Manöver der Amerikaner." Wie überhaupt der „Vater des Airbus A380" aus langjährigen Erfahrungen und verantwortlichen Führungsrollen heraus sehr kritisch über die deutsche Partnerseite urteilt: „In Deutschland gab es immer Gegenwind. Von Bonn bis München. Vor allem gab es zu wenig politisches Engagement." Es gibt ein böses Bonmot in der Branche: Die Franzosen haben Visionen und setzen diese Visionen in die Wirklichkeit um – die Deutschen haben Bedenken. Dass just in dieser Phase, als die transatlantischen Gespräche abgebrochen wurden, die Airbus-Manager bei ihrer intensiven Suche nach weiteren starken internationalen Partner damit liebäugelten, die Japaner ins Boot zu holen, stieß vor allem in Paris auf ernsthaften Widerstand: Die Nähe der Japaner zu Boeing war den Franzosen ein zu großes Risiko. Jürgen Thomas geht noch einen bemerkenswerten Schritt weiter: „Airbus ist in Japan nicht gut aufgestellt. Da haben wir große Mängel. Dabei fließen in den nächsten Jahren 4,6 Milliarden Dollar aus Japan in Airbus-Programme." Bis heute ist die Gretchenfrage unbeantwortet, ob es letztlich nicht doch ein großer Fehler gewesen ist, die Japaner so auf Distanz zu halten. Heute ist das Verhältnis Boeing – Japan weitgehend festgezurrt. In den 90er-Jahren wären möglicherweise noch Korrekturen möglich gewesen.

Das UHCA (Ultra High Composite Aircraft) war eine der ersten Ideen auf dem langen Wege zum Airbus A380. Der Luxemburger Jean Roeder, der schon 1969 als Projekt- und Chefingenieur für den A300 bei Airbus antrat, wurde schließlich zum Technikvorstand berufen und verantwortlich für die A300, A310 und A320 und neue Airbus-Versionen. Er kreierte auch das berühmte „Double Bubble" alias UHCA: Ein Großraumflugzeug aus zwei parallelen A340-Zellen.

Die große Metamorphose: A350 = A2000 = A3XX = A380

Die letzten transatlantischen Verhandlungen waren gescheitert. Die Europäer hatten sich entschlossen, endgültig ihren eigenen Weg zu gehen. Doch es war eine lange Wegstrecke bis dahin gewesen. Denn die Wurzeln des europäischen Großraumflugzeuges, das das Boeing-747-Monopol brechen oder wenigstens erschüttern sollte, reichen bis in die späten 80er-Jahre zurück. Schon seinerzeit wurde die Möglichkeit, ein 600- bis 800-sitziges Flug für die erste Dekade des 21. Jahrhunderts zu entwickeln, ernsthaft studiert. Wenig später gab es in Nordamerika eine ähnliche Studie: N650. Vor allem von der führenden US-Fluggesellschaft United Airlines wurde Boeing aufgefordert, ein Großraumflugzeug für bis zu 650 Passagiere zu entwickeln, das schon ab 1997 fliegen sollte. Bemerkenswert: Die amerikanische Airline begründete die Notwendigkeit dieses neuen vierstrahligen Langstreckenflugzeuges mit zwei Argumenten, die viele Jahre später ihr Star-Alliance-Partner Lufthansa als wichtigste Gründe für den Kauf der A380 genannt hat: Wachsendes Verkehrsaufkommen und zunehmender Slotmangel auf den großen internationalen Flughäfen.

VLCT hieß die Formel, die alle Diskussionen diesseits und jenseits des Atlantiks und auch am Pazifik beherrschte. Die einschlägigen Verhandlungen wurden vor allem von Jürgen Thomas und Boeing-Manager John Layhurst geführt, der immer wieder propagierte: „Wir glauben, dass ein Flugzeug dieser Art zu groß ist für einen einzigen Hersteller." Auf europäischer Seite begegnete man dieser Philosophie mit Argwohn und Skepsis. Europas multinationale Airbus-Welt glaubte zunehmend stärker an sich selbst und die eigenen Innovationskräfte. Immer neue „Geisterflugzeuge" flogen durch die Computer der großen Entwicklungsbüros eigentlich aller Flugzeughersteller. Aérospatiale arbeitete am ASX 500/600-Programm, British Aerospace beschäftigte sich mit dem AC14-Projekt. Bei Daimler-Benz Aerospace (DASA) hieß das Projekt ursprünglich P502/P602. Daraus wurde dann die A350 – noch nicht ahnend, dass Airbus ein gutes Dutzend Jahre später seinen neuen Großraumtwinjet A350 nennen sollte, der Ende dieser Dekade in direkter Konkurrenz zum „Dreamliner", der Boeing 787, fliegen soll – und schließlich das A2000-Projekt.

Die Deutsche Airbus gab von vornherein die Maxime aus, mit dem neuen Großraumflugzeug unbedingt oberhalb der Boeing 747-Gruppe anzusetzen: „Eine Neuentwicklung muss dort beginnen, wo andere enden, und genügend Weiterentwicklungspotential aufweisen." Und Airbus sprach sogar schon Anfang 1991 sehr mutig von der großen „Chance einer Monopolstellung für die Airbus-Industrie". Das am 11. Januar 1991 präsentierte A350-Konzept ging von einem 750-sitzigen Doppeldecker in einer Drei-Klassen-Konfiguration aus, der durch entsprechende Rumpflängenveränderungen den Marktanforderungen angepasst werden könnte, so dass auch 680- beziehungsweise 820-Sitzer möglich wären. Sehr couragiert wurde schon vor 15 Jahren davon ausgegangen, dieses Flugzeug bis auf 1.000 Sitzplätze bei ausreichender Reichweite vergrößern zu können. Das maximale Startgewicht sollte bei 600 Tonnen und damit immerhin um 40 Tonnen über der später Wirklichkeit gewordenen A380 liegen und die Flügelfläche bei 890 Quadratmetern.

Doch die bemerkenswerteste Idee war die variable Flügelgeometrie: Die Spannweite sollte dank hochklappbarer Flügelenden im Flug bei 86 Metern und am Boden bei 65 Metern liegen, um besser rangieren zu können. Eine kühne Idee, die wiederholt im Großflugzeugbau angedacht, aber de facto nie in die Praxis umgesetzt worden ist. 368 Passagiere sollten im Oberdeck – 81 Business und 287 Economy – Platz finden und 384 im Hauptdeck: 62 Erste Klasse, 140 Business-Klasse und 182 Economy-Klasse. Und selbstverständlich gab es – theoretisch – auch schon eine Bar, ein Bistro, Fitnessräume und ein Sekretariat. Jürgen Thomas erinnert sich mit einer Mixtur aus Vergnügen und Gelassenheit: „Wir haben endlos gestritten. Um jeden Inch Sitzabstand, um die Zahl der Gänge, um die

Das Charakteristikum der unförmig wirkenden A350, die nichts mit dem heutigen A350-Entwurf zu tun hat, war das Unterflurcockpit. Diese Idee wurde verworfen. Manch andere wurde in das A380-Projekt eingebracht.

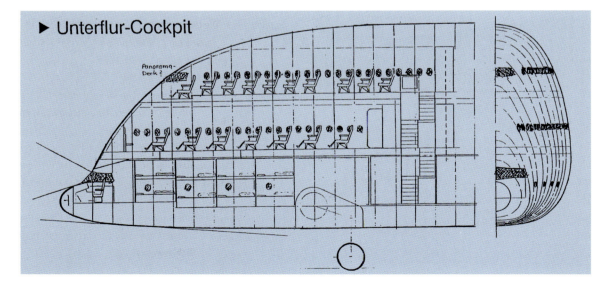

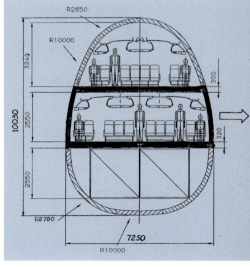

DIE GESCHICHTE

Bis heute haben die Konstrukteure diesseits und jenseits des Atlantik die Idee einer „Super Concorde" nicht aufgeben, auch wenn derzeit aus wirtschaftlichen Gründen alles dagegen spricht. Von den beiden „Geisterflugzeugen" A3XX und Super-Concorde, die schon in den 8oer-Jahren durch die Computer flogen, ist bis heute nur der A3XX Wirklichkeit geworden.

Treppenaufgänge. Um jedes Kilo Gewicht haben wir gefeilscht." Und auch die Flügelfläche war lange ein großes Problem bei allen Auseinandersetzungen innerhalb der vier Airbus-Partner. Heute hat ein Airbus A380 eine Flügelfläche von 846 Quadratmetern – ein Rekord im zivilen Flugzeugbau. Die A350, die zur A2000 mutierte, war im November 1990 mit 890 Quadratmetern konzipiert gewesen. Als es Mitte der 90er-Jahre ernst wurde und die A3XX schon virtuell Gestalt angenommen hatte – Airbus-Vizepräsident Robert Lafontan: „Im Grunde war das Konzept schon so, wie die A380 heute aussieht" –, ging es immer noch um die optimale Flügelfläche, deren Größe letztlich auch von der Schubkraft der künftigen Triebwerke abhängig war. Als es darum ging, die Flügelfläche von 725 auf 780 Quadratmeter zu erhöhen, waren die Ingenieure von Singapore Airlines, die ohnehin eine Schlüsselrolle bei der A380-Entwicklung gespielt haben, die energischsten Vorkämpfer. Sie hatten am Ende Recht. Es wurden 846 Quadratmeter.

Die Airbus-Studien der späten 8oer-Jahre gingen von einem 600- bis 800-sitzigen Jet aus, der in der ersten Dekade des 21. Jahrhunderts seinen Dienst antreten sollte. Schon 1991 fanden zahlreiche Gespräche der Airbus-Partner mit zahlreichen großen, vor allem asiatischen Airlines über ein Großraumflugzeug statt, das deutlich größer als eine Boeing 747 sein sollte. Ultra High Capacity Aircraft (UHCA) hieß das Zauberwort. Versionen für 600, 800 und bis zu 1.000 Passagiere waren im Gespräch. Und selbst russische Entwicklungsbüros, die sich wieder mit dem uralten Nurflügler-Prinzip beschäftigten, waren in diese Gespräche einbezogen worden. Die Skala der Designs reichte vom berühmten „Double Bubble" – ein Doppelrumpfflugzeug mit zwei A340-Zellen nebeneinander – über einen kreisförmigen Rumpf mit zwei Passagierdecks bis zum A2000-Konzept: acht Sitze im Oberdeck mit zwei Gängen und zehn Sitze im Hauptdeck mit drei Gängen. Kreisförmig, oval, eiförmig oder zwei aufeinander gesetzte unterschiedliche Halbkugeln. Es gab viele Vorschläge, ehe sich ein Konzept durchsetzte mit zwei Decks für 550 bis 800 Sitzen, das eine Reichweite von 13.000 bis 18.500 Kilometern ermöglichte.

Um „Europas Jumbo" wurde zudem noch auf einem Nebenkriegsschauplatz gekämpft – es ging darum, wie die Teile des neuen Flugzeugs transportiert werden sollten. Udo Dräger, einst als Konstrukteur des ersten Düsenverkehrsflugzeuges der Bundesrepublik Deutschland, der VFW 614, bekannt und dann als Schöpfer des erfolgreichen und viel bewunderten Airbus-Transporters BELUGA populär geworden, plädierte für eine „Mega-BELUGA" auf der Basis eines Airbus A340-600: „Lufttransporte sind in unserem Geschäft anderen Transportarten, gleich welcher Art, eindeutig vorzuziehen. Dafür gibt es eine ganze Reihe von Gründen: Zeitgewinn, weniger Verpackungsmaterial, sicherer Transport, geringere Kapitalbindung. Aufgrund der weitgehenden Ausrüstung der Flugzeugsegmente mit hochwertigen Systemen wie Hydraulik und Elektrik muss aufwändig verpackt werden, um Korrosionsschäden zu vermeiden. Das alles ist zwar beherrschbar, aber kostenaufwändig." Ein solches Flugzeug hätte, so Udo Dräger, erhebliche Produktionsvorteile gegenüber dem kombinierten Land-See-Transport." Die Airbus-Chefetage verwarf dies Konzept. A380-Chefingenieur Jürgen Thomas erklärt heute: „Die Land-See-Lösung war am Ende nicht annähernd so teuer, wie behauptet worden war. Wir haben das alles genau durchgerechnet und uns am Ende für die heutigen Transportwege entschieden. Wir haben uns am Ende vor allem aus wirtschaftlichen Gründen gegen die ‚Mega-BELUGA' ausgesprochen."

Ein wirklich bescheidenes Anfangsbudget

Jedenfalls trat Jürgen Thomas sein neues Amt am 1. April 1996 an und lacht noch heute: „Ich hatte damals ein Anfangsbudget von 40 Millionen US-Dollar." Bescheidener konnte der A3XX-Start nicht sein, auch wenn natürlich die vier Airbus-Partner über zusätzliche eigene Entwicklungsetats verfügten. Am Ende wurde ein Zwölf-Milliarden-Dollar-Projekt daraus. „Und wenn ich heute darüber nachdenke, dass ich nicht weniger als 35 verschiedene Rumpfquerschnitte untersucht habe, dass wir vier verschiedene Konfigurationen für den ‚Doppeldecker' entworfen haben – das war unsere in der Öffentlichkeit kaum bekannt gewordene A3YY-Studie – und dass wir immer wieder zu der Maxime zurückkehren mussten: 80 auf 80 Meter. Das war das maximale Maß. Das hatten uns ICAO und IATA unmissverständlich klar gemacht. Mehr war nicht drin. Mehr war allerdings auch nicht sinnvoll." Jürgen Thomas ist ohnehin der Überzeugung, dass in Zukunft kaum noch wesentlich größere Flugzeuge gebaut werden können: „Natürlich kann man ein Flugzeug noch auf 750 Sitze als Minimum ‚aufblasen'. Aber es macht physikalisch keinen Sinn mehr. Genauso wie der seltsame Sonic Cruiser von Boeing keinen Sinn gemacht hat. Auch die nächsten Flugzeuge werden im Wesentlichen konventionelle Züge behalten. In gewisser Hinsicht ist der Airbus A380 eine Art Endpunkt mit hervorragenden Triebwerken, obwohl es da auch lange Zeit Skeptiker und Nörgler gab. Wir sind langsam an einer Grenze angelangt, jenseits der es technisch fragwürdig wird. Doch was die Motorenhersteller in England und Amerika in puncto Verbrauch und Lärmreduzierung geleistet haben, ist fantastisch. Das werden die Airlines in den nächsten Jahren zu schätzen lernen." Das alles sei übrigens, so Jürgen Thomas, auch ein ganz großes Problem für Boeing: „Was sollen sie machen? Eine ‚chinesische Kopie'? Oder noch größer? Das bringt alles nichts. Oder einen Nurflügler. Vielleicht ist das auf ganz weite Sicht eine Alternative."

Wie früh und wie weit man bei Airbus gedacht und geplant hat, lässt sich daran erkennen, dass schon 1994 acht wichtige Airlines von Airbus auf das große „Geisterflugzeug" angesprochen worden waren, das auch bei den Fluggesellschaften bis dato noch eine unbekannte Größe war: Lufthansa, British Airways, Singapore Airlines, Cathay Pacific, All Nippon Airways, Japan Airlines, Northwest Airlines und United Airlines – bemerkenswerterweise fehlte in diesem Kreis der spätere A380-Vorkämpfer Air France. Das Resultat: „Wir waren uns – bei aller anfänglichen Skepsis der meisten Airlines – seinerzeit eigentlich schon weitgehend darüber einig, wie das Flugzeug aussehen und welche Leistungen es bringen sollte", berichtet Jürgen Thomas, „aber die Reaktionen der einzelnen Fluggesellschaften waren doch sehr unterschiedlich: Mit Lufthansa waren die ersten Gespräche sehr gut und sehr sachlich. Singapore Airlines und Cathay Pacific waren wirklich hervorragend vorbereitet, die Japaner dagegen überhaupt nicht und eine der US-Airlines hatte unseren Brief regelrecht verschlampt." Richtig ist aber auch: Alle acht Fluggesellschaften waren seinerzeit noch sehr skeptisch. Dieser Airbus war nun doch etwas ganz Neues, etwas schier Utopisches.

Gut 15 Jahre ist das inzwischen her. Und von diesen acht Airlines haben sich bis heute nur British Airways, Lufthansa und der Erstkunde Singapore Airlines für die A380 entschieden. Wobei sich die Briten zur Verwunderung nicht nur von Airbus, sondern auch vieler konkurrierender Fluggesellschaften lange Zeit schwer taten mit ihrer Entscheidung für den „Jet des 21. Jahrhunderts". Dabei war die traditionsreiche Airline doch von vornherein in das A380-Programm eingebunden worden und galt allgemein als geradezu zwangsläufiger Kunde.bunden worden war?

Das Mammut-Projekt drohte immer wieder nicht nur an politischen und finanziellen Querelen zu scheitern, sondern stand auch aus anderen Gründen wiederholt fast auf der Kippe – im Grunde wiederholte sich beim A380-Programm das Dilemma der Airbus-Gründerjahre: Die Visionäre und Pioniere mussten fürchten, an den Zweiflern zu scheitern. Ein drastisches Beispiel: 18 Monate vor dem endgültigen Launch war der Airbus A380 viel zu schwer geworden. „Wir hatten eine ‚Gewichtsexplosion' erlebt; in der Öffentlichkeit wurde das ganze Projekt sogar infrage gestellt", erzählt Jürgen Thomas. „Wir mussten nochmals 20 Tonnen herausholen, um auf unser definiertes Abfluggewicht zu kommen. Also mussten wieder neue Werkstoffe ran. Doch das ging natürlich sofort ins Geld." Jürgen Thomas lächelt im Rückblick: „Aber solche Gewichtsüberschreitungen sind doch üblich. Da muss immer wieder abgespeckt werden. Und das geht nur über teure Materialien wie beispielsweise Titan und Karbon."

Ein Flugzeug aus einer Spielzeugwelt: A3XX und doppelstöckige Busse – daraus wird nichts werden. Der Airbus A380 wird auf den großen internationalen Verkehrsflughäfen nur über ganz neu entwickelte und in beide Passagierzellen führende Fahrgastbrücken zügig und problemlos geleert werden können. Dieses Bild bleibt eine Fata Morgana.

DIE GESCHICHTE

Rostock und St. Nazaire hatten keine Chance

Zwar war in den Gesprächen mit den Amerikanern wertvolle Zeit verstrichen, aber Airbus trieb die Entwicklung trotzdem weiter voran und wandte rund 50 Millionen Euro nur dafür auf, um zu klären, ob das technische und finanzielle Risiko beherrschbar sei. Und 1999 war allen Verantwortlichen dann auch endgültig klar, dass es keine wesentlichen technischen Probleme geben würde. Umso größer waren dagegen die politischen Differenzen und nationalen Eitelkeiten, die sich am Ende zum großes Prestigekampf auswuchsen. Von Anfang an war klar: Der dominierende französische Partner würde niemals zulassen, dass die Endmontage nicht in Frankreich stattfinden würde. Immerhin hatten sich mit Hamburg, Rostock, Toulouse und St. Nazaire gleich vier engagierte Städte beworben. Rostock war allen Partnern ein zu großes Risiko, obwohl sich bekannte deutsche Politiker – allen voran die CDU-Vorsitzende Angela Merkel, die sich schon aufgrund ihrer Mecklenburger Herkunft dieser Region verbunden fühlt – für die Ostseestadt stark gemacht hatten. „A380-Vater" Jürgen Thomas: „Dass Rostock 35 Prozent Fördermittel bekommen hätte und über einen großen Flugplatz verfügt, ändert nichts daran, dass dieser Ort ungeeignet war: Keine Experten, kein qualifiziertes Personal. Zu abseits gelegen." St. Nazaire kam für die führenden französischen Airbus-Manager nicht infrage, weil ihnen in diesem führenden Werftzentrum Frankreichs die kommunistische Gewerkschaft zu einflussreich war. Dabei ist Jürgen Thomas, der diese Auseinandersetzungen emotionslos verfolgt und begleitet hatte, noch heute der Überzeugung: „St. Nazaire wäre der ideale Standort für eine Endmontage der A380 gewesen. Schon wegen der direkten Seeverbindung zwischen der deutschen und der französischen Hafenstadt. Hafen zu Hafen. Das wär's gewesen." Jürgen Thomas stellt heute – im Nachhinein – lächelnd fest. „Wenn es um nationale Interessen gegangen wäre, hätte man sogar die französischen Kommunisten einwickeln können. Davon bin ich fest überzeugt." Doch die französischen Entscheidungsträger spielten nicht mit. Also lief alles auf das große Duell Toulouse–Hamburg hinaus. Frankreichs Politik stand sowieso hinter Toulouse. In Deutschland suchte Manfred Bischoff Rückendeckung bei Bundeskanzler Gerhard Schröder. Der deutsch-französische Streit wurde in dieser Phase mit härtesten Bandagen ausgefochten, auch wenn sich alle Beteiligten darüber einig waren, dass eine Aufteilung der direkten Endmontagenlinie auf zwei Orte unsinnig viel Geld kosten würde. Dem französischen Ultimatum, ohne die Endfertigung in Toulouse würde es keinen Airbus A380 geben, stand jetzt die deutsche Forderung gegenüber: Hamburg müsse alternativ das Narrowbody-Zentrum werden – also die Heimat der „kleinen" Airbusse. Das bedeutete auch: Jede Kapazitätserweiterung des A320-Programm sollte in Hamburg stattfinden. Dafür hatten sich vor allem der langjährige Hamburger Werkschef und spätere Airbus-Generaldirektor in Toulouse, Gustav Humbert, und Manfred Bischoff stark gemacht. So kam es Stunden vor dem offiziellen Start des A380-Programms am 19. Dezember 2000 zu einem denkwürdigen Gespräch in einem Hotel in Amsterdam: Jean-Luc Lagardère, der einflussreiche französische

Für den Transport der riesigen A380-Segmente wurden bei Airbus diverse Möglichkeiten untersucht. Letztlich wurden aber weder der sogar im Windkanal untersuchte Vorschlag, A380-Tragflächen auf dem „Rücken" einer A340 zu transportieren, noch der Bau einer „Super-Beluga" auf Basis der A340 realisiert.

Ein schöner Traum, der immer ein Traum geblieben ist: Die A3XX alias A380 fand nie den Weg nach Rostock. Viele Politiker des von Arbeitslosigkeit geplagten Landes Mecklenburg-Vorpommern, die Stadtväter von Rostock und nicht zuletzt die aus Mecklenburg stammende Angela Merkel hatten sich für Rostock als Endmontagestandort stark gemacht und die große Luftfahrtvergangenheit Rostocks mit den Heinkel-Werken beschworen, in denen einst so berühmte Flugzeuge wie die He 70 „Blitz", das zweimotorige Schnellverkehrsflugzeug He 111, das auch als Bomberversion gebaut wurde, die He 178 und die He 176, das erste Raketenflugzeug, flügge wurden. Aber Rostock lag – trotz seines geeigneten Flugplatzes – zu weit im Abseits. Zudem fehlte es vor Ort an qualifiziertem Personal in ausreichender Zahl.

EADS-Präses, erklärte sofort: „Diesen Handel kann ich nicht unterschreiben, weil ich dann zu Hause gleich erschossen werde." Manfred Bischoff konterte: „Das ist mir egal, dann hast du auch keine A380." Die Fronten waren verhärtet. Am Ende unterschrieb der Franzose das berühmte Protokoll, das nicht nur über die Zukunft des Airbus A380, sondern über diese ganze Industrie entschied. Der Weg war frei für das aufwändigste Projekt, das die europäische Luftfahrtindustrie je gewagt hatte – der „Große Europäer" konnte Wirklichkeit werden. Und die deutsche Seite hatte für Hamburg eine bemerkenswerte Garantie herausgeholt: Sollte die A320-Nachfrage jemals zurückgehen und sollten einmal Kapazitäten abgebaut werden müssen, würde das zunächst in Toulouse geschehen.

„Ein Signal des Optimismus"

Die Würfel waren gefallen: Toulouse war Endmontagzentrum für den Airbus A380 geworden – Hamburg Ausstattungszentrum und dazu Auslieferungszentrale für Europa und den Nahen und Mittleren Osten. Und schon im Februar 2001 begann die Flächenerweiterung im Werk Hamburg-Finkenwerder, die in nur drei Jahren das Panorama an der hier schon breit dahinströmenden Elbe total verändern sollte. In Hamburg wurde eine architektonische Utopie Wirklichkeit. Als das Hamburger Oberverwaltungsgericht am 20. Februar 2001 den vom Verwaltungsgericht verhängten Baustopp für die Werkserweiterung in Finkenwerder aufgehoben und damit den Weg für die Bauarbeiten am Mühlenberger Loch frei gemacht hatte, begannen schon 48 Stunden später die aufwändigen Aufspülungsarbeiten. Ein Jahrhundertwerk nahm seinen Weg. Der Anfang lockte wochenlang und monatelang tausende von Schaulustigen am Elbufer an. Eine Erweiterungsfläche von 165 Hektar wurde eingepoldert, um eine Nutzfläche von 140 Hektar bis auf fünf Meter über Normal aufzufüllen. Bis zu 60.000 Kubikmeter Sand wurden täglich aufgeschüttet und mit Planierraupen verteilt. Alles in allem wurden elf Millionen Kubikmeter Sand aufgeschüttet, der vor allem aus der Nordsee und der Unter- und Außenelbe geholt worden war. Und bereits 216 Tage nach Baubeginn war die letzte Lücke in der 1,2 Kilometer langen Spundwand geschlossen und die letzte der 60.000 Sandsäulen auf einer 2,5 Kilometer langen Deichlinie eingebracht worden. Nur neun Monate nach Baubeginn wurde die erste aufgeschüttete Teilfläche für die A380-Sektionsmontagehalle freigegeben. Am 21. Mai 2003 wurde die 228 Meter lange, 120 Meter breite und 23 Meter hohe Montagehalle eingeweiht. Echte Hanseaten sahen diese Dimensionen mit ganz besonderen Augen: In dieser Halle könnten – theoretisch – alle Spiele aller Runden des traditionsreichen Rothenbaum-Tennisturniers parallel ausgespielt werden. Und würde man diese Halle mit Wasser füllen lassen, dann würde man dafür zweimal die ganze Binnenalster entleeren lassen müssen. Es gibt ein schönes Wort über diese Halle, die ihresgleichen in Deutschland sucht: Der renommierte Hamburger Architekt Volkwin Marg, der mit seinen Mitarbeitern schon viele bedeutende Bauwerke entworfen hat, nannte die Ausstattungshalle ein „Signal des Optimismus" in einer Zeit, in der zu viel geklagt und gejammert werde. Zur Ausstattungsmontagehalle, in der der Einbau der Elektrik, der Kabinenkommunikationssysteme, der Küchen, der sanitären Einrichtungen und der Lifte sowie aller Notausrüstungen und Notrutschen und auch der Frachtladesysteme stattfindet, gehören vier freitragende Hallenstellplätze mit einer Fläche von jeweils 95 auf 100 Metern. Im Leitwerksbereich ist dieser Hallenkomplex 26 Meter hoch. Nebeneinander sind die Hallen für den Struktur- und Ausrüstungsbereich sowie für die Ausstattung der viermotorigen Doppeldecker alles in allem 610 Meter lang.

Die Produktion
Einzelteile aus aller Welt

Für die meisten – mitunter nicht besonders gut informierten – US-Amerikaner ist der Airbus ein französisches Produkt, für viele Franzosen ist er das sowieso. In Deutschland, Großbritannien und Spanien sieht man das naturgemäß etwas anders und betrachtet Airbus als Beispiel für eine gelungene europäische Zusammenarbeit. Was der Wahrheit natürlich deutlich näher kommt, wenngleich man nicht vergessen darf, dass ein beträchtlicher Teil der Wertschöpfung dank der Zulieferer aus aller Welt außerhalb des Alten Kontinents anfällt. Und das vor allem in den Vereinigten Staaten, denn bei aller industriepolitischen Rhetorik von Seiten der US-Regierung oder Boeings gegen das europäische Flugzeug – viele Unternehmen in den USA verdienen inzwischen gut mit am Airbus-Erfolg, zumal sie mit dem Hauptfahrwerk (Goodrich), Elektronikkomponenten (Honeywell, Rockwell Collins) oder Triebwerk (General Electric, Pratt & Whitney) hochwertige Baugruppen oder Systeme liefern.

In den vergangenen Jahren ist darüber hinaus die Zahl der Zulieferer aus China und Japan ständig gestiegen, wenngleich es Airbus noch nicht gelungen ist, die leistungsfähige japanische Luftfahrtindustrie im selben Maß mit ins Boot zu ziehen, wie es Boeing seit geraumer Zeit erfolgreich vormacht.

Ein gigantisches Puzzle

Der Bau der A380 gleicht einem riesigen Hightechpuzzle, dessen Einzelteile in aller Welt produziert werden, aber am Ende so gut zusammenpassen müssen, als seien sie vorher aus dem kompletten Flugzeug herausgestanzt worden. Zusammengesetzt wird dieses Puzzle dann allerdings in Europa. Und zwar in mehreren Etappen, denn einzelne größere Puzzlesegmente entstehen zunächst an Standorten in den vier Airbus-Ländern Deutschland, Frankreich, Großbritannien und Spanien, ehe sie zur Endmontage nach Toulouse gebracht werden. Eine Vorgehensweise, die sich seit dem Bau der ersten A300 bewährt hat, weshalb das Prinzip und die Aufteilung der Baugruppen auf die einzelnen Airbus-Partner – beziehungsweise heute auf die einzelnen Werke innerhalb von Airbus – weitgehend beibehalten und nur dann modifiziert wurde, wenn ein neues Unternehmen wie die damalige spanische CASA mit an Bord kam oder ein Bauteil aus einem anderen Werkstoff gefertigt wurde. So hat beispielsweise das Werk im niedersächsischen Stade bei Hamburg, wo die deutschen Verbundwerkstoffspezialisten bereits seit der A310-300 für den Bau des Seitenleitwerks aus kohlefaserverstärktem Kunststoff (CFK) verantwortlich sind, beginnend mit der A340-600 auch die Produktion des hinteren Druckschotts und der Landeklappenschalen übernommen.

Aus Norddeutschland stammen aber noch weitere A380-Großteile: So werden in Nordenham an der Unterweser Rumpfschalen in weitgehend automatisierten Fertigungsprozessen hergestellt und Bremen liefert schon traditionell die fertig montierten Landeklappen. In der Hansestadt werden zudem Aluminiumteile für den Rumpf produziert, ebenso wie im Werk Varel, wo rund 4.500 verschiedene Einzelteile entstehen, die größtenteils nach Nordenham zur weiteren Montage geliefert werden. Dazu gehören beispielsweise Ringspanten, die als innerer „Rahmen" dem Rumpf seine Form geben.

An der A380-Teileproduktion sind auf deutscher Seite aber nicht allein Airbus-Standorte beteiligt. Die Elbe-Flugzeugwerke (EFW) sowie das Militärflugzeugwerk in Augsburg, die beide zum Airbus-Mutterkonzern EADS gehören, liefern beispielsweise Bodenpaneele für Ober-, Haupt- und Unterdeck des vorderen Rumpfsegments beziehungsweise die innere Flügelvorderkante, die aufgrund ihrer Form auch als „Badewanne" bezeichnet wird.

„Schwarze Kunst" ist keineswegs Hexerei, sondern eine in Stade seit vielen Jahren praktizierte Tätigkeit. Hier entstehen nämlich große Bauteile aus Kohlefaserverbundwerkstoff (CFK) wie das hintere Druckschott oder das Seitenleitwerk, bei dessen Bau hier zwei Airbus-Mitarbeiter zu sehen sind.

Bevor in der Jean-Luc-Lagardère-Halle in Toulouse mit der Endmontage einer A380 begonnen werden kann (Bild ganz links), gibt es an vielen Airbus-Standorten in Deutschland, Frankreich, Großbritannien und Spanien eine Menge zu tun. Im Werk Nordenham beispielsweise wird der Großteil der Rumpfschalen für die A380 produziert (links). Die aus Glare, einer Mischung aus Aluminium und Fiberglas, hergestellten Schalen werden anschließend in Hamburg-Finkenwerder zu ganzen Rumpfsegmenten weiterverarbeitet.

DIE PRODUKTION

Boeing und die A380

Die – immerhin 2,30 Meter hohen – Mini-Flügel an den Tragflächenenden (Wingtips) werden aus Faserverbundwerkstoffen hergestellt und von einem ausgewiesenen Spezialisten für dieses Material produziert. Das Unternehmen Hawker de Havilland stammt aus Australien, produziert in seinem Werk in Bankstown nahe Sydney bereits die Winglets für den Airbus A330 sowie die A340 – und gehört zum Boeing-Konzern! Auf diese Weise profitiert auch der große Airbus-Konkurrent ein wenig, wenn die A380 entgegen seinen Erwartungen ein Erfolg wird.

Damit aus vielen dieser einzelnen Puzzleteile bereits in Deutschland größere Elemente werden, wurde in Hamburg auf der Erweiterungsfläche Mühlenberger Loch die so genannte MCA-Halle errichtet. MCA steht für „Major Component Assembly", und exakt das geschieht hier: Die einzelnen Rumpfschalen werden zu kompletten Rumpfsektionen und Rumpfabschnitten zusammengefügt; zum einen die Sektion 13 im vorderen Flugzeugbereich unmittelbar hinter dem Cockpit, zum anderen die Sektion 18 hinter den Tragflächen, die in Hamburg zudem mit dem aus Spanien angelieferten Heck verbunden wird, und schließlich ein Teil der oberen Rumpfschale von Sektion 15 über den Tragflächen, das dann zur weiteren Montage an das Werk im französischen St. Nazaire übergeben wird.

Die einzelnen Sektionen werden im Übrigen nicht nur einfach zusammengebaut, sondern gleichzeitig mit den wichtigsten Flug- und Kabinensystemen ausgerüstet – beispielsweise mit den elektrischen und hydraulischen Leitungen, aber auch mit den Rohren der Klimaanlage und der Wasser- und Abwassersysteme, was erheblich dazu beiträgt, dass der eigentliche Zusammenbau des Flugzeugs in der Endmontage später gerade einmal eine Woche in Anspruch nimmt.

Ein Flügelpaar aus 32.000 Einzelteilen

Die spanischen Airbus-Werke haben sich komplett auf die Fertigung von Bauteilen aus Kohlefaserverbundwerkstoffen spezialisiert. Aus Getafe (bei Madrid) beispielsweise stammen die hintere Rumpfsektion 19, an der Höhen- und Seitenleitwerk angebracht werden, und die daran anschließende hintere Rumpfspitze, in der die Hilfsgasturbine (APU) installiert wird. Hier entstehen zudem die Fahrwerksklappen, die früher in Sandwichbauweise – mit einer Honigwabenstruktur zwischen zwei Deckplatten – hergestellt wurden, nun aber aus einem Stück sind. Schließlich ist der Standort in Getafe auch für die Entwicklung und die ersten Fertigungsschritte des Höhenleitwerks verantwortlich, wobei einige Bauteile aus dem auf halber Strecke zwischen Madrid und Toledo gelegenen Werk in Illescas zugeliefert werden. Die endgültige Fertigstellung des Höhenleitwerks inklusive Einbau von Hydraulik, Elektrik und Treibstoffsystem wird dann allerdings im andalusischen Puerto Real nahe der Hafenstadt Cadiz vorgenommen, wo auch die Verkleidung des Rumpf-Flügel-Übergangs sowie das zweiteilige Seitenruder entstehen. Die Abmessungen dieser Bauteile sind beachtlich: Allein das obere Seitenruder ist zwölf Meter lang sowie über einen halben Meter breit und erreicht damit fast die Ausmaße der Tragflächen eines Segelflugzeugs! Mit einem Gewicht von 350 Kilogramm ist es allerdings in etwa ebenso schwer wie der gesamte Segler ...

Die Mitarbeiter in der Abteilung Wareneingang des Airbus-Werks im nordwalisischen Broughton müssen gut zählen können, denn hier treffen die etwa 32.000 Bauteile ein, aus denen ein A380-Flügelpaar besteht. Diese Bauteile und bereits vormontierte Komponenten werden in einem neu errichteten, 83.500 Quadratmeter großen Gebäude zu kompletten Flügelkästen mit einer Länge von jeweils mehr als 45 Metern zusammengesetzt und mit den notwendigen Treibstoff-, Hydraulik- und Pneumatiksystemen sowie der elektrischen Verkabelung ausgerüstet. Großbritannien ist traditionell für die Airbus-Tragflächen zuständig. Daher werden in Broughton über die Montage hinaus auch Stringer (Längsversteifungen) für die Flügelbeplankung sowie 18 der insgesamt 20 Bleche, aus denen sich die Beplankung zusammensetzt, hergestellt. Die beiden verbleibenden Bleche werden übrigens aus Korea zugelie-

Die Fertigung der A380 ähnelt in der Tat einem riesigen Puzzle, dessen Einzelteile aus aller Welt stammen. Selbst diese Zeichnung kann nur ein ungefähres Bild davon vermitteln, welches Bauteil wo hergestellt wird. Denn auch wenn das Airbus-Werk im walisischen Broughton die Flügelkästen zur Endmontage nach Toulouse liefert und das Werk in Bremen die Landeklappen beisteuert, stammen doch viele Einzelteile der genannten Baugruppen von Zulieferern, die nicht zu Airbus gehören.

- AI-France
- AI-Germany
- AI-UK
- AI-Spain
- Belairbus
- Non-Airbus

EIN FLÜGELPAAR AUS 32.000 EINZELTEILEN

links: Schon in Hamburg wird die an der Elbe gefertigte und ausgerüstete Sektion 18 mit der aus Spanien stammenden und aus CFK gefertigten Sektion 19 – das Rumpfheck, an dem später das Seiten- und Höhenleitwerk angebracht werden – zusammengefügt. Gemeinsam bilden sie eines der drei großen Segmente, aus denen in der Endmontage in Toulouse der A380-Rumpf zusammengesetzt wird.

unten: In St. Nazaire wiederum entsteht unter Verwendung von in Méaulte und Hamburg gefertigten Komponenten der komplette Vorderrumpf.

DIE PRODUKTION

fert. Entwickelt wurden die A380-Tragflächen im Werk Filton in der Nähe von Bristol, wo zudem die Flügelhinterkanten und ein beträchtlicher Teil der Flügelrippen gefertigt werden und Fahrwerksintegration sowie -tests stattfinden.

Unter den französischen Airbus-Standorten hat Méaulte die Nase vorn – und das im wahrsten Sinne des Wortes. Denn hier, in der Picardie im Norden des Landes, entstehen die Sektionen 11 und 12 – die Nase und das Cockpit des Super-Jumbos – und darüber hinaus die Fahrwerksschächte. Der Flügelmittelkasten wiederum stammt aus Nantes, die Pylone, an denen die vier Triebwerke unter den Tragflächen aufgehängt werden, kommen aus dem Airbus-Werk St. Eloi in Toulouse.

Die wichtigste Rolle neben der Endmontage selbst kommt dem Standort St. Nazaire zu. Etwa 2.300 Mitarbeiter sind mit Zusammenbau und Ausrüstung des Vorderrumpfs (mit den aus Méaulte und Hamburg gelieferten Segmenten) sowie des zentralen Rumpfabschnitts, für den wiederum Hamburg und Méaulte sowie das Werk Nantes und der Partner Alenia aus Italien Komponenten zur Verfügung stellen, beschäftigt.

Endmontage und Endausstattung

Angesichts dieser weitgehenden Vorfertigung und -ausrüstung läuft der eigentliche Zusammenbau in der eigens für die Endmontage („Final Assembly Line" – FAL) errichteten Jean-Luc-Lagardère-Halle innerhalb von nur einer Woche über die Bühne. Das Gebäude auf dem neuen Aeroconstellation-Gelände am Toulouser Flughafen Blagnac ist eines der größten seiner Art weltweit – 500 Meter lang, 250 Meter breit, 46 Meter hoch. Es wurde aus 32.000 Tonnen Stahl sowie 250.000 Kubikmetern Beton errichtet.

Unmittelbar nach ihrer Ankunft an der Nordseite der U-förmigen Lagardère-Halle werden alle Sektionen in der so genannten Station 40 in speziell dafür vorgesehenen Vorrichtungen positioniert und anschließend von einer fünfstöckigen und 1.200 Tonnen schweren Arbeitsplattform eingeschlossen. Danach werden zunächst die drei großen Rumpfsektionen miteinander verbunden, ehe die beiden Tragflächen angebaut und mit mehr als 4.000 Niete befestigt werden. Nach der Installation der Heckspitze, der Leitwerke und Ruder, des Fahrwerks sowie der Rumpf-Flügel-Verkleidung sieht die A380 erstmals wie ein Flugzeug aus und kann auf eigenen Rädern – durch 90 Meter breite Tore zunächst aus der Halle hinaus und dann an anderer Stelle wieder hinein – zu einer der drei parallelen Stationen 30 rollen. Damit es nicht so oft versetzt werden muss, verbleibt das Flugzeug in den kommenden drei Wochen an dieser Position, wo die letzten fehlenden Bauteile, darunter die vier Triebwerke, installiert und sämtliche Systeme komplettiert werden. Daran schließt sich eine umfassende Prüfung aller elektrischen und hydraulischen Systeme sowie der beweglichen Teile – Höhen- und Seitenruder, Klappen, Vorflügel, Spoiler – an. Zwar werden, wie bei allen Airbus-Programmen üblich, die einzelnen Sektionen bereits an den jeweiligen

Bild rechts: Es ist sicher nicht ganz gerecht zu behaupten, in der Jean-Luc-Lagardère-Endmontagehalle in Toulouse würde ein bereits weitgehend fertig gestelltes Flugzeug nur noch zusammengesetzt. Aber in der Tat sind die einzelnen Baugruppen, egal ob Tragflächen oder Vorderrumpf, bereits größtenteils komplettiert und mit den wichtigsten Systemen, Leitungen und Kabeln ausgerüstet.

unten: In der Station 40, in der aus den drei großen Rumpfsegmenten, den Tragflächen und den Leitwerken dann ein vollständiges Flugzeug wird, verweilt die A380 deshalb gerade einmal eine Woche. Allerdings sind anschließend noch etwa drei Wochen in der Station 30 erforderlich, ehe auch wirklich alle Systeme installiert und getestet sind.

Produktionsstandorten getestet, aber mit den zusätzlichen Checks nach der Endmontage soll sichergestellt werden, dass alle diese Komponenten auch fehlerfrei zusammenarbeiten.

Bevor das Flugzeug zur Vorbereitung auf den Jungfernflug an die Flugerprobungsabteilung übergeben wird, muss es außerhalb der Lagardère-Halle noch einen weiteren Test über sich ergehen lassen. Dabei wird der Kabinendruck weit über das im späteren Betrieb zu erwartende Maß hinaus erhöht, um mögliche Undichtheiten zu entdecken.

Derzeit ist die FAL auf die Fertigung von vier Flugzeugen monatlich ausgelegt, doch das Gebäude gestattet es, die Produktionskapazität binnen kürzester Zeit durch die „Spiegelung" der Stationen 40 und 30 zu verdoppeln.

Nach den durchschnittlich vier Wochen in der Endmontage und den nachfolgenden Tests ist die A380 aber noch längst nicht „reif" für den Linieneinsatz. Denn es fehlen die Kabinenausstattung und die Lackierung. Diese Arbeiten werden wiederum in Hamburg-Finkenwerder durchgeführt, in zwei eigens zu diesem Zweck errichten Hallen. In der Ausstattungsmontagehalle erhalten die Flugzeuge die Wand- und Deckenverkleidungen, die Beleuchtung, die Toiletten und die Bordküchen sowie die von den Fluggesellschaften spezifizierte und zumeist auch direkt eingekaufte Bestuhlung und das heute unverzichtbare Bordunterhaltungssystem.

Wenn dann noch in der Lackierhalle, die gleichzeitig Platz für zwei A380 bietet, die Farben der betreffenden Airline aufgebracht worden sind, ist das Flugzeug fertig zur Auslieferung – sofern der Kunde aus Europa oder dem Mittleren Osten stammt. Ansonsten steht zunächst ein Überführungsflug nach Toulouse ins dortige Auslieferungszentrum auf dem Programm.

Werkstoffmix

Ähnlich „bunt" wie die Landkarte der Produktionsstandorte ist die Mischung der beim Bau verwendeten Materialien. Die Zeiten, in denen ein Flugzeug größtenteils aus Aluminium bestand und allenfalls an besonders belasteten Stellen der festere, aber auch deutlich schwerere Stahl verwendet wurde, sind lange vorbei. Andererseits ist auch längst noch nicht der Zeitpunkt gekommen, zu dem ein Flugzeug dieser Größe ausschließlich aus „Kunststoffen" besteht, selbst wenn viele Veröffentlichungen über Boeings neue 787 einen solchen Eindruck gelegentlich erwecken. Das liegt unter anderem daran, dass sich die Aluminiumproduzenten, aufgeschreckt durch den Siegeszug der Verbundwerkstoffe, an die Entwicklung neuer, verbesserter Aluminiumlegierungen gemacht haben und so in vielen Anwendungsbereichen ihre Position behaupten konnten.

Ohnehin setzt kein Flugzeughersteller nur deshalb auf Verbundwerkstoffe, weil die gerade „in" oder billig herzustellen sind. Stärker als in jeder anderen Industrie spielt im Flugzeugbau das Gewicht eine entscheidende Rolle. Und mehr als einmal hat sich ein Hersteller für das in der Anschaffung teurere

DIE PRODUKTION

Farbe bekennen

Etwa 14 Tage dauert es, ehe eine A380 im Farbkleid des jeweiligen Kunden erstrahlt. Dabei werden für die eigentliche Lackierung gerade einmal drei Tage benötigt, die restliche Zeit entfällt auf das Abdecken nicht zu lackierender Flächen und die Trocknung. Die Farbe wird in Handarbeit aufgetragen; nicht zuletzt, weil das Einrichten von Lackierrobotern zu umständlich und langwierig wäre.

Bereits bei der A318 hat das Werk Nordenham die Stringer genannten Längsversteifungen der unteren Rumpfschalen am Heck nicht mehr aufgenietet, sondern per Laser aufgeschweißt. Die guten Erfahrungen mit dem deutlich schnelleren Verfahren haben Airbus bewogen, auch bei der A380 auf diese innovative Technologie zu setzen und noch weitere Schalen auf dieselbe Art und Weise fertigen zu lassen (ganz rechts).

Längst besteht ein Verkehrsflugzeug nicht mehr nur aus Aluminium. Bei der A380 machen Kohle- und Glasfaserverbundwerkstoffe etwa 22 Prozent der Struktur aus. Eine wichtige Rolle spielt auch Glare mit einem Drei-Prozent-Anteil. In eher geringem Umfang wird bei der A380-800 Aluminium-Lithium eingesetzt, doch das soll sich bereits beim A380-Frachter ändern. Für die neue A350 setzt Airbus in großem Umfang auf diesen leichten Mischwerkstoff.

Material entschieden, wenn dadurch einige Kilogramm Gewicht und damit über das gesamte Flugzeugleben etliche Tonnen Treibstoff gespart werden konnten.

Doch gilt es bei der Werkstoffauswahl noch weitere Gesichtspunkte zu berücksichtigen: Zum einen ist nicht jedes Material unter konstruktiven Gesichtspunkten für jedes Bauteil geeignet, zum anderen sind die Anforderungen an die Werkstoffeigenschaften an verschiedenen Stellen des Flugzeugs durchaus unterschiedlich. So müssen der Bereich um die Cockpitscheiben sowie die Flügel- und Leitwerksvorderkanten besonders widerstandsfähig gegen Vogelschlag sein, eine Gefährdung, die an der Rumpfunterseite naturgemäß keine große Rolle spielt. Hier sind vor allem Korrosionsbeständigkeit und eine hohe Festigkeit gegen statische Belastungen gefragt, während rund um die Türen ein langsames Risswachstum und eine große Restfestigkeit auch bei aufgetretenen Schäden von besonderer Beutung sind.

Wenn man Triebwerke und Fahrwerke einmal außen vor lässt, besteht die A380 nur noch zu 61 Prozent aus dem klassischen Flugzeugbauwerkstoff Aluminium, der Rest entfällt auf Metalle wie Stahl und Titan sowie diverse Verbundwerkstoffe (Kohle- und Glasfaser, aber auch Aluminium-Kohlefaser-Verbindungen).

Der Einsatz von Verbundwerkstoffen ist bei Airbus, wie bereits erwähnt, schon seit mehr als 20 Jahren Routine. Erstmals kamen Kohlefaserbauteile in größerem Umfang bei der A310-300 und der A300-600 zum Einsatz, doch schon die A310-200 verfügte an Seitenruder und Spoilern über erste Verbundwerkstoffkomponenten. Seither ist der Anteil dieser Materialien ständig gestiegen und macht bei der A380 etwa 22 Prozent der gesamten Struktur aus. Aus kohlefaserverstärkten Kunststoffen (auf Deutsch CFK, auf Englisch CFRP abgekürzt) werden neben Seitenleitwerk und hinterem Druckschott das komplette Rumpfheck im Anschluss an das Druckschott und der Flügelmittelkasten zur Verbindung der Tragflächen mit dem Rumpf gefertigt. Allein bei diesem zentralen Strukturbauteil spart die Verwendung von Verbundwerkstoffen anstelle selbst der modernsten Aluminiumlegierung etwa eineinhalb Tonnen Gewicht. Weitere wichtige Elemente aus CFK sind die beiden Hälften des Seitenruders, das Höhenleitwerk und -ruder, die Bodenträger für das obere Passagierdeck und gut die Hälfte der Flügelrippen, die den Tragflächen ihre Form verleihen.

Neben Verbundwerkstoffen basierend auf Kohlefasern, die im unlackierten Zustand durch ihre glatte schwarze Oberfläche auffallen, werden auch solche mit Quarz- und Glasfaserverstärkung verbaut, erstere an der Flugzeugspitze, dem Radom, weil das für Radarstrahlen „durchsichtig" sein muss, letztere für nicht tragende blitzschlaggefährdete Bauteile wie die Tragflächenvorderkanten und die äußeren Enden der Seitenleitwerksvorderkante.

Ein weiterer Verbundwerkstoff ist äußerlich von Aluminium praktisch nicht zu unterscheiden, denn Glare besteht aus aufeinander folgenden Lagen von 0,3 bis 0,5 Millimeter dickem Aluminium und in einem Kleber (Harz) eingebetteten Glasfasern (Schichtdicke 0,125 Millimeter). Dieser gemeinsam von den Airbus-Werken in Bremen und Nordenham sowie dem holländischen Unternehmen Stork entwickelte Baustoff wird in einem Heißklebeverfahren hergestellt und kommt fast für die komplette obere Rumpfschale — mit Ausnahme des Bereichs direkt über den Tragflächen — sowie an den Leitwerksvorderkanten zum Einsatz. Grundsätzlich wird zwischen Standard-Glare und dem so genannten HSS-Glare unterschieden, das dank einer anderen Aluminiumlegierung und eines hitzebeständigeren Harzes eine höhere Festigkeit gegenüber statischen Belastungen aufweist. Darüber hinaus lassen sich die Eigenschaften von Glare durch Dicke beziehungsweise Anzahl der Aluminiumlagen sowie — wie bei anderen Faserverbundwerkstoffen auch — durch die Wahl der Faserrichtungen beeinflussen, sodass sich beispielsweise Ecken oder Fenster- und Türausschnitte durch einen entsprechend geeigneten Aufbau des Materials gezielt verstärken lassen. Doch damit sind die Vorteile von Glare noch längst nicht erschöpft. Der im zivilen Flugzeugbau erstmals eingesetzte Werkstoff weist nur einen geringen Rissfortschritt und eine hohe Restfestigkeit bei aufgetretenen Beschädigungen auf, was in Verbindung mit einer gegenüber herkömmlichem Aluminium geringeren Dichte zu Gewichtseinsparungen von etwa 800 Kilogramm führt. Zudem reagiert es weniger empfindlich auf Beschädigungen und ist nicht so korrosionsanfällig, da

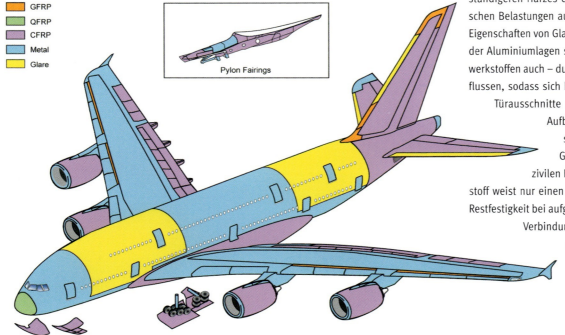

die Faserschicht das Durchdringen von Feuchtigkeit blockiert, lässt sich aber ebenso einfach reparieren wie Aluminium.

Nicht ganz so hoch wie der Glare-Anteil an der A380 ist der eines weiteren Werkstoffs, der aufgrund seiner Zusammensetzung Gewicht sparen hilft. Al-Li (Aluminium-Lithium) zeichnet sich dadurch aus, dass für jedes Prozent Lithium, das in die Legierung eingebracht wird, die Dichte des Materials – und damit das Gewicht eines aus diesem Material hergestellten Bauteils – um drei Prozent sinkt. Gleichzeitig nimmt das so genannte Elastizitätsmodul, das die Steifigkeit eines Werkstoffs, also den Widerstand, den er einer Verformung entgegensetzt, beschreibt, um fünf Prozent zu. Aus Al-Li sind bei der A380-800 beispielsweise die Bodenträger für das Hauptdeck und die Sitzschienen, bei der A380-800F werden zudem die Bodenträger des Oberdecks aus diesem Material hergestellt.

Wie schon erwähnt, ist auch bei den Metallwerkstoffen die Zeit nicht stehen geblieben, und Airbus setzt an vielen Stellen moderne Aluminiumlegierungen ein, die gegenüber den bislang verwendeten Materialien erhebliche Vorteile hinsichtlich der Betriebszuverlässigkeit sowie der Wartungs- und Reparaturfreundlichkeit aufweisen und ganz gezielt unter Berücksichtigung der an den verschiedenen Bauteilen auftretenden Belastungen ausgewählt wurden. Während beispielsweise auf der Flügelunterseite eine gewisse Toleranz gegen Beschädigungen (hohe Restfestigkeit, geringer Rissfortschritt) verlangt wird, ist auf der Oberseite im rumpfnahen Bereich eher die Ermüdungsfestigkeit von Bedeutung, wohingegen zur Flügelspitze hin vor allem die Stabilität des Materials gefragt ist.

Neu an Bord sind zudem eine ganze Reihe jüngst entwickelter Titanlegierungen, die an vielen Stellen, zum Beispiel bei Triebwerk und Fahrwerk, billigere, aber dafür schwerere Stahlwerkstoffe abgelöst haben.

Schweißen statt Nieten

Gewicht, Gewicht und noch einmal Gewicht sind also, etwas überspitzt ausgedrückt, die drei wichtigsten Kriterien bei der Materialauswahl. Doch Pfunde lassen sich ebenso durch geeignete Fertigungsverfahren einsparen. Bereits bei der A318 hat Airbus deshalb das Laserschweißverfahren eingesetzt. Die Längsversteifungen (Stringer) im Bereich der hinteren unteren Rumpfbeplankung des kleinsten Airbus werden im Werk Nordenham nicht wie in der Vergangenheit aufgenietet, sondern von einem Laser aufgeschweißt. Dieses Verfahren bietet eine ganze Reihe von Vorteilen: Neben einem verbesserten Ermüdungsverhalten beispielsweise eine größere Widerstandsfähigkeit gegen Korrosion und – das Thema kehrt immer wieder – ein niedrigeres Gewicht. Zudem ist der Schweißvorgang bis zu zehnmal schneller als das Nieten, bei dem vor dem eigentlichen Setzen der Niete zunächst Löcher gebohrt und entgratet werden müssen. Dieser Geschwindigkeitsvorteil macht sich besonders bemerkbar, wenn die zu verbindenden Bauteile möglichst lang und nicht zu stark in mehrere Richtungen gekrümmt sind. Insofern stellen die Beplankungen der vorderen und hinteren Rumpfunterseite sowie das Schott zwischen Cockpit und Bugfahrwerk der A380 geradezu ideale Anwendungsmöglichkeiten dar.

Insgesamt, rechnet Airbus vor, machen die auf diesen Seiten vorgestellten neuen Verfahren und Werkstoffe die A380 etwa 15 Tonnen leichter als ein vergleichbares, auf dem Stand der 747-Technologie gefertigtes Flugzeug.

Hochdruckhydraulik

Zu den bedeutendsten Veränderungen, die Airbus bei der A380 im Vergleich zu vorangegangenen Flugzeugprogrammen vorgenommen hat, gehört die Erhöhung des Drucks im Hydrauliksystem von 3.000 auf die im militärischen Flugzeugbau schon länger üblichen 5.000 psi (pounds per square inch, also Pfund pro Quadratzoll; 5.000 psi entsprechen 344 bar oder 34.474 kPa). Da der Druck definiert ist als Kraft pro Fläche, lässt sich eine bestimmte Kraft, beispielsweise zum Bewegen eines Ruders, bei höherem Druck der Hydraulikflüssigkeit mit einem geringeren Leitungsquerschnitt realisieren. Bei einem herkömmlichen System hätten die Hydraulikleitungen armdick sein müssen, um die Stellflächen zu bewegen. Mit dem neuen System konnte man den Durchmesser erheblich senken, was immerhin etwa 1.200 Kilogramm Gewichtsersparnis zur Folge hat.

Leichter wurde das Flugzeug zudem durch die Umstellung des Flugsteuerungssystems von drei hydraulischen auf nunmehr zwei hydraulische und zwei elektrische Kreise, die allesamt völlig unabhängig voneinander arbeiten, was zusätzlich einen Sicherheitsgewinn mit sich bringt. Zwei Kreise verfügen über ein herkömmliches Hydrauliksystem mit durch Rumpf und Tragflächen zu den Steuerflächen (Ruder, Spoiler, Klappen) verlaufenden Leitungen, während die beiden anderen Kreise kleine lokale elektrohydraulische Stellantriebe direkt an den Steuerflächen aufweisen, die über elektrische Signale angesteuert werden. Das Flugzeug lässt sich mit jedem dieser vier Systeme vollständig steuern, sodass selbst bei einem Komplettausfall der Hydraulik die Flugfähigkeit sichergestellt ist.

Der Transport

Zu Lande, zu Wasser und in der Luft

DER TRANSPORT

Lufttransport-Superlative

Am Anfang flog die berühmte Super Guppy (oben). Ohne dieses viermotorige Transportflugzeug, das auf der Basis der Boeing 377 Stratocruiser entwickelt worden war, wäre das ehrgeizigste und größte europäische Industrieprojekt in den frühen 70er-Jahren kaum aus den Startlöchern gekommen. Als die Jets von Airbus immer größer wurden und die Super Guppy zu klein wurde, schlug die Stunde der BELUGA (unten), deren Erstflug am 13. September 1994 gefeiert wurde. Der auf der Basis des Airbus A300-600 entwickelte zweistrahlige Großraumtransporter – das „Flugzeug mit der größten Klappe" – wurde das wertvollste Airbus-Arbeitspferd. Heute hat Airbus fünf BELUGAS im Einsatz.

Der lange Weg von der Elbe an die Garonne

Die optisch eindrucksvollsten und für viele Flugzeugfans sicherlich auch spektakulärsten Bauteile des Airbus A380 haben den schnellsten und trotzdem auch einen immer noch recht komplizierten Weg bis zur riesigen Endmontagehalle in Toulouse-Blagnac: Die mächtigen 24,1 Meter hoch in den Himmel ragenden Seitenleitwerke – das entspricht der Höhe eines achtstöckigen Hauses! – werden vor den Toren der niedersächsischen Kreisstadt Stade, nordwestlich Hamburgs gelegen, hergestellt. Wie übrigens auch alle anderen Airbus-Seitenleitwerke. Und obwohl es die größten je für die zivile Luftfahrt entwickelten Seitenleitwerke sind, lassen sie sich – im Gegensatz zu den voluminösen Rumpfsektionen und den Tragflächen – noch mit dem Großraumtransporter BELUGA von Deutschland nach Frankreich bringen. Also werden sie auf Tiefladern vom Airbus-Werk Stade an die Elbe gefahren. Rund 15 Kilometer lang ist – mit ein paar notwendigen Umwegen – dieser Weg. Dann geht es per Schiff von Stade elbaufwärts nach Hamburg-Finkenwerder. Dies sind nochmals rund 20 Kilometer. Alles andere geht kurz und bündig: Vom Schiff in die BELUGA und ab nach Toulouse-Blagnac. Vorher werden sie in den Hamburger Lackierhallen noch mit den markanten Symbolen der Kunden versehen. Und wäre das schon 994 urkundlich erwähnte Stade – im Mittelalter gehörten die Grafen von Stade zu den mächtigsten Geschlechtern im Herzogtum Sachsen –, das Ende des 12. Jahrhunderts Stadt wurde, nicht von der Elbe auf schmähliche Art verlassen worden, wäre alles heutzutage noch viel einfacher. Denn mit der Verlagerung des Flussbettes der Elbe erlitt Stade das Schicksal vieler berühmter Hansestädte. Eines Tages lag Stade nicht mehr direkt am Elbstrom. Die mächtige Hauptstadt und Festung der schwedischen Herzogtümer von Bremen und Verden war buchstäblich versandet – und Stade, einst viel bedeutender und mächtiger als Hamburg, war auf einmal Binnenstadt geworden. Die Airbus-Bauer mögen darüber ein bisschen trauern. Heute werden Tieflader benötigt, um die 14,8 Meter hohen Seitenleitwerke aus Stade ans Wasser und damit in die Luft und auf ihre weite Reise zu bringen. Denn die Seitenleitwerke passen problemlos in den Rumpf des „Weißen Wals", der immerhin 37,70 Meter lang ist und ein Volumen von 1.400 Kubikmetern hat.

Stade und das spanische Getafe südlich von Madrid sind schon seit langem die industriellen und wissenschaftlichen Zentren der „Schwarzen Kunst". Was den deutschen Seitenleitwerkbauern im niedersächsischen „CFK Valley" recht ist, ist den Spaniern längst billig, die in den letzten Jahren mit viel organisatorischem Aufwand und intensiven Forschungsarbeiten im weiten Feld der Verbundwerkstoffe Pionierarbeit in Europa geleistet haben. Im Werk Getafe wurde mit der hinteren, 9,5 Meter langen, 6,5 Meter breiten und 3,9 Tonnen schweren Heckspitze das bisher größte Rumpfstück im zivilen Flugzeugbau aus karbonfaserverstärktem Kunststoff gefertigt. Die Spanier haben mit ihrer Arbeit wesentlich dazu beigetragen, Jürgen Thomas' ultimativer Forderung nach Gewichtsreduzierungen gerecht zu werden. Nach Fertigstellung fliegt dieses Heckteil mit der BELUGA nach Hamburg, wo es in die großen Rumpfsektionen integriert und dann als komplette hintere Rumpfsektion nach Toulouse-Blagnac verschifft wird.

Was den Seitenleitwerken aus der alten Hansestadt Stade recht ist, muss auch den elf Tonnen schweren, sieben Meter langen und sechs Meter breiten Flügelmittelkästen aus Nantes recht sein. Diese Kästen sind immerhin 55 Quadratmeter groß und haben somit etwa die Größe einer Zwei-Zimmer-Wohnung. Auch sie reisen als „Umsteiger" – allerdings ist ihnen der Luftweg versperrt. Auf dem Wasserweg werden diese Flügelkästen, die erstmals zu über 50 Prozent aus kohlefaserverstärktem Kunststoff hergestellt werden, um besonders resistent gegen mögliche Ermüdungs- und Korrosionsschäden zu sein, sowie die Querruder und Radarbugs von Nantes, der berühmten Hauptstadt des Départements Loire-Atlantique, nach St. Nazaire transportiert, wo sie in die mittlere Rumpfsektion eingebaut werden. Erst dann werden sie zur Endmontage nach Toulouse-Blagnac weitertransportiert: Mit der „Ville de Bordeaux" nach Pauillac. Diesen Flügelmittelkästen geht es genauso wie allen anderen großen A380-Sektionen und Bauteilen. Für sie kommt die BELUGA nicht mehr infrage. Ihr Weg nach Toulouse-Blagnac ist folglich am Ende wesentlich komplizierter, schwieriger und zeitraubender. Und damit teurer. Die Rumpfschalen für die Fertigung der vorderen und mittleren Rumpfsegmente beispielsweise werden in Spezialcontainern mit Roll-on-Roll-off-Schiffen in einer gewöhnlich 24-stündigen Fluss- und Seereise vom niedersächsischen Nordenham über die Wesermündung, die Deutsche Bucht und die Unterelbe nach Hamburg-Finkenwerder gebracht, ehe sie dann vor Ort in die Rümpfe integriert werden können. Dafür wurde in Nordenham extra ein neuer RoRo-Anleger gebaut – wie an der Elbe in Finkenwerder. Diese Container wiegen immerhin 37 Tonnen und haben die Größe eines Einfamilienhauses. Für diese Ungetüme verbot sich der Landtransport schon von selbst.

Symbiose à la Airbus: Maritime Tradition und modernster Flugzeugbau

Der 10. Juni 2004 wurde im doppelten Sinne zum historischen Meilenstein für den wichtigsten deutschen Airbus-Standort Hamburg. An Land feierten die Flugzeugbauer das Richtfest für die 370 Meter lange, 102 Meter breite und über 31 Meter hohe A380-Ausstattungsmontagehalle, die elbseitig voll verglast ist und die ihr Architekt Volkwin Marg stolz das „größte Schaufenster der Welt" nannte – auf dem Wasser wurde die Ankunft der „Ville de Bordeaux" bestaunt. Bereits in den frühen Morgenstunden war der Spezialfrachter die Elbe aufwärts gefahren und rechtzeitig in Finkenwerder eingetroffen. Die RoRo-Anlage

SYMBIOSE À LA AIRBUS

Die Transportwege

- Schiffstransport
- Barkassentransport
- Landtransport
- Lufttransport

Mostyn

Broughton
Tragflächen

Hamburg
Rumpfsektion 13
vordere Oberschale
der Rumpfsektion 15
Rumpfsektion 18/19
Seitenleitwerk

St. Nazaire
Rumpfsektion 11/12/13
Rumpfsektion 15

Bordeaux

Langon

Toulouse

Cadiz
Höhenleitwerk

Europas größtes Puzzle ist eine logistische Meisterleistung ohne Beispiel. Per Flugzeug, auf Landstraßen und vor allem auch auf bekannten und traditionsreichen europäischen Wasserstraßen finden die vielen großen und kleinen Bauteile des Airbus A380 den Weg nach Toulouse-Blagnac, wo das überdimensionale Puzzle zusammengesetzt und der „Jet des 21. Jahrhunderts" flügge wird. Allerdings werden A380-Sektionen auf mittlere Sicht nicht nur nach Toulouse transportiert. Mit Beginn der Innenausstattung der vierstrahligen Riesen wird dann auch Hamburg-Finkenwerder Anlieferungsort. Wesentliche Elemente der Kabinenausstattung kommen natürlich von vielen Zulieferern aus dem Norden Deutschlands, aber vor allem auch aus Laupheim sowie aus Thüringen und Sachsen. Sie brauchen nicht so weit zu reisen wie beispielsweise die Höhenleitwerke, die von der spanischen Atlantikhafenstadt Cádiz – produziert werden sie im in nächster Nachbarschaft liegenden neuen Fertigungszentrum Puerto Real – bis in die Gironde-Mündung verschifft werden, oder die Tragflächen aus Broughton, die im englischen Mostyn auf das RoRo-Transportschiff „Ville de Bordeaux" geladen werden. Für die „Ville de Bordeaux" gibt es vor allem zwei Generalrouten: Entweder direkt von Hamburg-Finkenwerder nach Pauillac – das ist immerhin eine sechstägige Seereise – oder Hamburg – Mostyn – Pauillac. Nicht auf jeder Fahrt gibt es jedoch diesen Abstecher in die Dee-Bucht an der Irischen See südwestlich Liverpools. Doch nach einem ausgeklügelten Fahrplan werden regelmäßig auch St. Nazaire, wo das mittlere Rumpfsegment produziert wird, und Cádiz angelaufen. Das Cockpit kommt aus Meaulte und wird in St. Nazaire mit der Hamburger Sektion 15 vernietet. Der RoRo-Frachter chinesischer Provenienz, der erst Ende Februar 2004 fertig gestellt wurde, der vom Äußeren her nur noch sehr wenig an ein herkömmliches Schiff erinnert und bei dessen Anblick sich gestandene Seeleute mit Grinsen oder Grausen wenden, hat ein Frachtdeck von respektablen 6720 Quadratmetern. Der deutlich mehr funktionelle denn schöne Frachter wird übrigens nicht von Airbus selbst, sondern von der Reederei Fret/Cetam betrieben, einer Tochter des französischen Unternehmens Louis Dreyfus Armateurs und der norwegischen Unternehmensgruppe Leif Hoeg. Gefahren wird die „Ville de Bordeaux" trotz ihrer aufwändigen Bordstrukturen und -systeme mit 19 Mann Besatzung. Zum riesigen Airbus A380-Puzzle gehören viele große und kleine Teile, die unersetzlich für seine Vollendung sind, sich dem außenstehenden Betrachter aber nicht immer von vornherein erschließen. So werden beispielsweise die Rumpfschalen für die Fertigung der vorderen und mittleren Rumpfsegmente vom Werk Nordenham in einer 24-stündigen Fluss- und Seereise über die Weser, die Nordsee und die Elbe nach Hamburg-Finkenwerder gebracht. Und im französischen Airbus-Werk Nantes werden die elf Tonnen schweren und sieben Meter langen Flügelmittelkästen gefertigt. Sie werden auf dem Wasserweg nach St. Nazaire gebracht, wo sie in die mittlere Rumpfsektion eingebaut werden. Erst dann erfolgt der Weitertransport zur Endmontage nach Toulouse-Blagnac. Ein drittes Beispiel: Die acht Stockwerke hohen Seitenleitwerke aus Stade können im Gegensatz zu den Flügelpaaren und Rumpfsegmenten immer noch auf dem praktischen, preiswerten und vor allem kostspielige Transportschäden weitgehend vermeidenden Luftweg transportiert werden. So groß diese Leitwerke aus modernsten Verbundwerkstoffen sind, sie passen gerade noch in die BELUGA hinein. Also werden sie auf Tiefladern von Stade an die Elbe gefahren und von dort auf dem Schiffsweg ins benachbarte Finkenwerder gebracht, wo sie dann lackiert, in die BELUGA verladen und direkt zur Endmontage nach Toulouse geflogen werden.

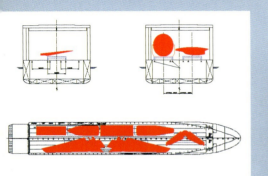

In Hamburg lernten Flugzeuge schon immer schwimmen. Waren es einst die berühmten Wasserflugzeuge von Blohm & Voss, so sind es heute die mächtigen A380-Sektionen, die aus England und Deutschland auf dem Wasserweg nach Frankreich gebracht werden. Das 22 auf 14 Meter große Hecktor ist das bisher größte wasserdichte Ladetor eines RoRo-Schiffes. Die Zeichnung demonstriert, wie die Rumpfsegmente und Tragflächen effizient und sicher an Bord positioniert werden (von oben nach unten).

154 Meter lang und 24 Meter breit ist die auf der Jinling-Werft im chinesischen Nanjing gebaute „Ville de Bordeaux". Sie ist eigens für den Transport von großräumigen A380-Bauteilen entwickelt worden. Ein Airbus-Bug passiert auf dem Weg nach Dresden vor dem Panorama Hamburgs das Museumsschiff „Cap San Diego". Dieser Airbus A380, der als einziger elbaufwärts seinen Weg nahm und nie fliegen wird, wird in Dresden härtesten Belastungstests unterworfen, bei dem die Flugzeugstruktur 47.500 simulierten Flugbewegungen ausgesetzt wird – bis zum Bruch. Auf der Garonne werden die Tragflächen per Motorbinnenschiff weiter nach Langon transportiert (rechts von oben nach unten).

Die ersten A380-Rumpfsegmente – die Oberschalen der Sektion 15 – aus Hamburg wurden noch, ehe die „Ville de Bordeaux" zur Verfügung stand, mit einem gecharterten Frachtschiff, der „Bremer Flagge", nach Frankreich verschifft. Umgeladen wird normalerweise in Pauillac, einem Hafen in der Gironde, dem großen der Hochseeschifffahrt zugänglichen Mündungstrichter der Garonne, knapp 50 Kilometer nordwestlich von Bordeaux gelegen. Mächtige Schiffskräne hieven die bis zu 20 Tonnen schweren Flugzeugteile an Bord.

31

DER TRANSPORT

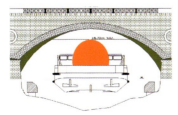

Zentimeterarbeit wird beim Transport der Airbus-Rumpfsegmente nach ihrer Verladung in Pauillac bei Bordeaux auf die flachen Binnenfrachter geleistet. Die berühmte denkmalgeschützte Steinbrücke von Bordeaux kann nur bei Ebbe passiert werden. Immer wieder ist's ein Schauspiel für Bordeaux' Bürger und auch für Touristen: Passt es oder passt es nicht? – Es passt immer.

an der Elbe mit ihrer von der Rostocker Neptun-Werft gebauten 65 Meter langen und 23 Meter breiten Transportbrücke steht auf 420 Beton- und Stahlpfählen. Schon am nächsten Morgen war die erste hintere Rumpfröhre eines Airbus A380 durch das hochgeklappte 22 auf 14 Meter große Hecktor eingeladen. Airbus-Chef Gerhard Puttfarcken fand die treffenden Worte: „Hier treffen sich zwei Dinge, die für Hamburg wichtig sind – das traditionelle maritime Element, repräsentiert durch dieses wunderbare Schiff, und die Luftfahrt, die für die Zukunft steht." Die für die Airbus-Transporte auf der Jinling-Werft in der chinesischen Millionenstadt Nanjing am Jangtsekiang gebaute „Ville de Bordeaux" war Ende Februar 2004 vom Stapel gelaufen. Bis Hamburg-Finkenwerder war es für dieses 154 Meter lange und 24 Meter breite Spezialschiff, dessen Frachtdeck imponierende 6.720 Quadratmeter Fläche aufweist, ein langer und zeitraubender Weg gewesen. Längst verkehrt der auffallende Frachter regelmäßig zwischen Hamburg, dem englischen Mostyn in der Dee-Bucht nordwestlich Liverpools, wo die von BAE-Systems gefertigten Tragflächen aus Broughton im Norden von Wales mittels Flussfähren angeliefert werden, dem französischen Atlantikhafen St. Nazaire, wo die mittleren Rumpfsegmente fertig werden, dem spanischen Atlantikhafen Cádiz und Pauillac in der breiten Gironde-Mündung, wo die verschiedenen Flugzeugkomponenten dann auf Spezialpontons verladen werden. Die Engländer fertigen in Broughton, wo der englische Premier Tony Blair am 4. Juli 2003 die 83.500 Quadratmeter oder zwölf Fußballfelder große „West Factory", Englands größte und modernste Fabrikanlage der letzten Jahre, eingeweiht hat, Woche für Woche ein neues A380-Flügelpaar – und jede einzelne Tragfläche übertrifft die ganze Breite eines zweistrahligen Airbus A320.

Auch am flutgesicherten Kai in Hamburg-Finkenwerder und auf der Unterelbe ist die „Ville de Bordeaux" inzwischen schon ein selbstverständlicher Anblick geworden. Viel bestaunt und viel fotografiert. Die „Ville de Bordeaux" kommt genauso regelmäßig wie die BELUGAs nach Hamburg – nur langsamer. 19 Mann Besatzung hat die „Ville de Bordeaux". Ungewöhnlich viel für ein modernes Frachtschiff. Aber es ist eben auch ein mehr als ungewöhnlicher Frachter mit ganz speziellen Aufgaben. Betrieben wird das Schiff nicht von Airbus selbst, sondern von der Reederei Fret/Cetam, einer gemeinsamen Tochter des französischen Unternehmens Louis Dreyfus Armateurs und der norwegischen Unternehmensgruppe Leif Hoeg. Sechs Tage braucht die „Ville de Bordeaux" normalerweise von der Elbe bis nach Pauillac.

Die eigentlichen Transportschwierigkeiten für Airbus beginnen im Grunde erst nach der Ankunft in Pauillac, wenn alles auf die flachen Binnentransportschiffe verladen und manche

Brücke passiert werden muss. Auch die berühmte denkmalgeschützte Steinbrücke von Bordeaux kann nur bei Ebbe gemeistert werden. Also wurde ein genauer Fahrplan ausgearbeitet, der sich ausschließlich nach den Gezeiten richtet. Zudem wurden Ballasttanks installiert, um sicher ans Ziel zu kommen. Immer wieder lockt so ein Ponton mit den großen Airbus-Komponenten Schaulustige an. „Passt es oder passt es nicht?" Das ist in Bordeaux die spannende Frage. Es passt – natürlich – immer. Die „Pont de Pierre" war übrigens die erste Steinbrücke in Bordeaux über die Garonne. Sie wurde gebaut, weil Napoleon die alte Holzbrücke durch eine Steinbrücke ersetzt haben wollte. In Bordeaux wurde ihm erklärt, der Bau einer Brücke dieser Art und Größe sei unmöglich. Napoleons Antwort wurde berühmt: „Impossible n'est pas français." Heute zieren die 17 Pfeiler der historischen Brücke die 17 Buchstaben des Namens *Napoleon Bonaparte* . Sein klassisches Postulat hallt noch heute nach und galt und gilt im Grunde auch für Airbus. Wie viele hielten – besonders viele Politiker in Deutschland – das Jahrhundertprojekt Airbus für zu groß, für zu risikoreich und für nicht finanzierbar. Doch die Franzosen setzten sich erfolgreich durch: „Unmöglich ist nicht französisch."

Umladestation Langon: Vom Schiff auf die Straße

Der letzte Teil der langen Reise von der Elbe oder aus der Irischen See nach Toulouse-Blagnac ist der beschwerlichste. Im kleinen Hafenstädtchen Langon werden die sperrigen Airbus-Sektionen und die weit ausladenden Flügel auf Tieflader gehoben. In extrem langsamer Fahrt geht es auf Nebenstraßen, die vielerorts extra begradigt oder verbreitert wurden, über das berühmte Auch, Bischofssitz und Hauptstadt des Départements Gers, das im 17. Jahrhundert die Metropole der Gascogne war, bis nach Toulouse. Manche Brücken mussten verstärkt, viele Telefon- und Stromleitungen, die im Süden Frankreichs oft über der Erde verlaufen, unter die Erde verlegt werden. An einigen Orten wurden sogar ein paar Häuser abgerissen – ihre Besitzer wurden unbürokratisch, relativ schnell und großzügig entschädigt. Auf diese Weise begegnete Airbus in enger Zusammenarbeit mit den lokalen Behörden aufkommenden Protesten von vornherein gezielt und dauerhaft. In der weiten, meist ländlichen Region im Süden Frankreichs rund um Toulouse ist Airbus das Symbol für Erfolg, Wohlstand und französisches Können schlechthin. Der Spruch ist europaweit bekannt: Der Bauer an der Start- und Landebahn in Toulouse-Blagnac protestiert beim Lärm eines startenden Airbus nicht, wie es bei so manchem Wohlstandsbürger in Hamburgs Nobelvororten Blankenese und Othmarschen am hier schon breiten und mächtigen Elbstrom üblich ist, sondern grüßt mit der Mütze in der Hand: Vive la France. Und deshalb überwiegen Bewunderung, Neugier und Stolz weitgehend Skepsis und Proteste. Die Bürger an der „A380-Route" haben sich längst an die überdimensionalen Tieflader gewöhnt, auch wenn es de facto von Polizeieskorten begleitete Verkehrshemmnisse sind. Um die Verkehrsbehinderungen nicht zu stark werden zu lassen, darf allerdings nur nachts gefahren werden. Deshalb dauern die Transporte in der Regel auch drei Tage beziehungsweise drei Nächte. Die speziell für Airbus entwickelten Tieflader – jeder auf 96 Rädern! – dürfen maximal 25 Stundenkilometer

Die geringsten Probleme bereitet gewöhnlich der Transport der trotz ihrer überdimensionalen Größe relativ flachen Tragflächen nach Toulouse-Blagnac. Die Binnenschiffe, die für diese Fracht spezialisiert sind, sind längst ein alltäglicher Anblick.

In Langon werden die aus Deutschland, England und St. Nazaire angelieferten Airbus-Sektionen von Pontons auf Tieflader für den Straßentransport verladen. In extrem langsamer Fahrt geht es durch den schönen Südwesten Frankreichs, vorbei am malerischen Erzbischofssitz Auch, heute die Hauptstadt des Départements Gers, im 17. Jahrhundert Metropole der Gascogne, bis ins Airbus-Zentrum Toulouse.

Für den Transport von Langon über Auch nach Toulouse wurden weitgehend relativ wenig befahrene Landstraßen – fernab der Autobahntrasse 62 – ausgesucht. Ihre Fahrbahnen wurden in den letzten Jahren verbreitert. Viele Kurven mussten begradigt werden. Brücken wurden verstärkt und Telefon- und Stromleitungen, die im Süden Frankreichs oft über der Erde verlaufen, im Boden vergraben. An einigen Orten wurden sogar ein paar Häuser abgerissen – den Bewohnern wurden neue Häuser geschaffen.

DER TRANSPORT

schnell fahren. Anfangs waren die nächtlichen Transporte noch ein viel bestauntes Schauspiel. Inzwischen sind sie Alltag.

Nichtsdestotrotz lassen sich vor allem Touristen das sich regelmäßig wiederholende Schauspiel auch heute noch nicht entgehen. „Ich hab es einmal miterlebt, wie sich diese Tieflader durch ein kleines Dorf geschlängelt haben", erzählt Jürgen Thomas, der „Vater des Airbus A380", lächelnd, „ich habe es nicht für möglich gehalten, wie viele Menschen da nachts auf den Beinen waren, um das Ereignis mitzuerleben. Das kam mir fast wie ein nächtliches Volksfest vor." Es gibt eine kleine Parallele in Hamburg-Finkenwerder: Als Airbus sein Gelände erweitern musste und jenseits der ins Alte Land, Deutschlands größtem geschlossenen Obstanbaugebiet, führenden Kreisstraße, dem Neß-Hauptdeich, sein neues Auslieferungszentrum etablierte und beide Werksflächen mit einer Trasse verband, um die Flugzeuge zwischen beiden Flächen hin- und herrollen lassen zu können, gab es schnell die hierzulande obligaten Proteste: „Verkehrsbehinderung! Gefährliche Emissionen! Düsenkrach auf öffentlichen Straßen!" Alles verhallter Lärm von gestern. Heute stehen die Touristen, die ins Alte Land oder an die See fahren, an dieser Kreisstraße mit Kind und Kegel und mit gezückten Kameras und warten geduldig darauf, dass sich die Schranken schließen, damit endlich einmal ein „Hamburger Jet" diese Trasse kreuzt. Manchmal warten sie sogar stundenlang. Und oft rufen sie ungeduldig bei Airbus an, wann denn „endlich ein Flugzeug über die Straße fährt".

Das Airbus-Puzzle – ein Logistiknetzwerk ohne Beispiel

Das riesige europäische Puzzle ist ein logistisches Netzwerk von einer ganz neuen Dimension, das selbst die Amerikaner vom Konkurrenzunternehmen Boeing verblüfft, die sich doch wesentliche Bauteile ihrer modernen Jets inzwischen sogar aus Japan und Italien anliefern lassen. Da werden die sperrigsten Rumpfsegmente, Flügel und Leitwerke auf dem Land-, dem Wasser- und dem Luftweg kreuz und quer durch Europa gefahren, geschippert und geflogen, da schwimmen halbe Flugzeuge durch die Nordsee, den Ärmelkanal, rund um die Pyrenäenhalbinsel und durch die immer stürmische Biscaya bis zur Gironde-Mündung. Außerdem gibt es wichtige Zulieferer in Russland, das mit hochwertigen Metalllegierungen an der A380-Produktion beteiligt ist, in Belgien, wo BELAIRBUS die Vorflügel produziert, in Italien, woher Türrahmen und Rumpfparts kommen, und selbst in Japan, dessen High-Tech-Industrie am Höhenleitwerk beteiligt ist und Frachttüren liefert. Und die Trent 900-Triebwerke von Rolls Royce kommen aus dem englischen Derby. Nicht zu vergessen, dass auch aus Laupheim, wo Kabinenausstattungen und Luftführungen für die A380-Klimaanlagen gefertigt werden, aus Varel, wo die Ringspante für die hinteren A380-Rumpfsektionen im modernen Zerspanverfahren produziert werden, aus Bremen, wo die Landeklappen fertig werden – die drei Landeklappen jedes A380-Flügels sind so groß wie ein A320-Flügel –, oder aus Stade, wo außerdem die überdimensionalen Druckkalotten entstehen, wichtige Teile auf den verschiedensten Wegen nach Toulous-Blagnac gebracht werden müssen. Immer wieder wird dieses Puzzle von Airbus-Enthusiasten bewundert und verteidigt und von Airbus-Gegnern verteufelt. „Warum sich das küstenferne Toulouse am Ende gegen die Hafenstädte Hamburg und Rostock als Ort der Endmontage durchgesetzt hat, begreift nur, wer das französisch dominierte Unternehmen Airbus kennt", merkte dazu ein wenig süffisant der gleichermaßen renommierte wie kundige Luftfahrtjournalist Dieter Vogt in der „Frankfurter Allgemeinen Zeitung" an. So berechtigt diese Fragestellung ist, so muss

Die großen A380-Seitenleitwerke, die in der niedersächsischen Kleinstadt Stade gefertigt werden, finden immer noch Platz im voluminösen Rumpf einer BELUGA – ihr Fassungsvermögen von 1.400 Kubikmetern und ihr Querschnitt von 7,40 Metern sind unverändert beispiellos. So können die riesigen Seitenleitwerke direkt von Hamburg-Finkenwerder nach Toulouse-Blagnac geflogen werden.

Anfangs waren die nächtlichen A380-Transporte von Langon nach Toulouse-Blagnac noch ein viel bestauntes Schauspiel. Doch inzwischen haben sich die meisten Bürger der kleinen französischen Gemeinden am Rande der „A380-Route" an die Tieflader gewöhnt – wenn sie rollen, sind sie allerdings gewaltige von Polizeieskorten begleitete Verkehrshemmnisse. Weil nur nachts gefahren wird, dauert der Transport in der Regel drei Tage beziehungsweise Nächte.

allerdings auch erwähnt werden, dass die französische Hafen- und Industriestadt St. Nazaire gleichfalls im Spiel gewesen war. Sie fiel genauso durch das Raster wie das küstenferne spanische Sevilla oder der Ostseehafen Rostock, der immerhin mit einer Start- und Landebahn von drei Kilometern Länge, seinem nur 30 Kilometer entfernten Seehafen und mit in Aussicht gestellten EU-Fördermitteln in Höhe von respektablen 35 Prozent für sich werben konnte – und für den besonders engagiert Alt-Bundeskanzler Helmut Kohl und die CDU-Vorsitzende Angela Merkel Partei ergriffen. Auch St. Nazaire hatte viele wichtige Befürworter gehabt. Zu ihnen gehörte vor allem auch der deutsche „Airbus-A380-Vater" Jürgen Thomas. Es gibt Argumente, warum sich Airbus schließlich für das Endmontagezentrum Toulouse-Blagnac entschieden hat. Es gab natürlich viele logistische, aber eben auch handfeste politische Gründe, die letzten Endes ausschlaggebend waren. Etwas einfacher und preiswerter wäre das heutige große europäische Puzzle vielleicht gewesen, hätte man sich für St. Nazaire als A380-Endmontagezentrum entschieden. Schon wegen der verschlungenen Transportwege. Aber auch diese Argumente spielten eine Rolle: Drei Endmontageplätze wären möglicherweise auf Dauer des Guten doch etwas zu viel gewesen – und außerdem wollte und will Toulouse-Blagnac immer auf einer Höhe mit Seattle und seiner beispiellos großen Dependance Everett stehen, wo die Jumbos und die Boeing 777 flügge werden.

So oder so. Auch von den heftigsten Kritikern dieser Industrie, die umso mehr verstummten, je erfolgreicher das Modell Airbus wurde, muss heute anerkannt werden: Das Airbus-Puzzle symbolisiert im besten Sinne „Old Europe", seine wertvollen Traditionen und seine vielfältigen Kulturen. Das Airbus-Puzzle verbindet die Gascogne, eine der großen französischen Kulturlandschaften, mit der traditionsreichen Freien und Hansestadt Hamburg, das alte britische Fürstentum Wales mit dem spanischen Andalusien, wo in Puerto Real am Atlantik Strukturbauteile für die Seitenruder gefertigt und von Cádiz aus verschifft werden. Außerdem ist dieses spanische Werk für den Zusammenbau und die Funktionstests der Höhenleitwerksflosse zuständig, die in ihren Abmessungen den Tragflächenmaßen eines Airbus A310 entspricht – und der bietet immerhin 220 Passagieren Platz. Wovon viele optimistische und positive Kräfte in der Europäischen Union noch immer träumen, das ist bei Airbus schon greifbare Wirklichkeit: Europa lebt. Trotz aller noch vorhandenen internen Probleme und Schwierigkeiten. Und so darf und muss trotz aller Vorbehalte gefragt werden: Welches globale Industrieimperium hat erreicht, was Airbus geschafft hat? Das längst bewährte Airbus-Puzzle ist die schönste Visitenkarte eines neuen Europas: Der Airbus A380 entsteht an 16 verschiedenen Orten in Europa. Und alle Wege führen am Ende nach Toulouse-Blagnac – und dann nach Hamburg-Finkenwerder. An der Garonne lernen alle A380 das Fliegen. An der Elbe werden sie für die Kundschaft ausgestattet. Und alle A380, die an europäische Kunden und Airlines im Nahen Osten gehen, werden auf der einstigen Fischerhalbinsel Finkenwerder ausgeliefert.

Der Erstflug

27. April 2005 –
ein historischer Tag für die Luftfahrt

ERSTFLUG

Die ersten Schritte …

… zum ersten Flug: Die sechsköpfige Crew in ihren orangefarbenen Anzügen, die an Astronauten erinnern, geht die Gangway hinauf. Ein fast leeres Flugzeug erwartet sie. 20 Tonnen Messinstrumente und -geräte sind eingebaut, 350 Kilometer Kabel für 85.000 Verbindungen installiert und dazu kommen – je nach Testprogramm – bis zu 35 Kameras. Im Oberdeck

sind beim Erstflug 121 leere Wasserbehälter mit einem Gewicht von 4.530 Kilo fest installiert; im Hauptdeck sind es 51 leere Behälter für Wasserballast mit einem Gewicht von 2.050 Kilo. Dazu kommen weitere Aufnahmevorrichtungen in den Frachträumen und im Kabinenbereich für Gewichts- und Wasserballast von 6.620 Kilo. Alles in allem können 225 leere oder glykolgefüllte Behälter mit einem Gewicht von bis zu 60 Tonnen installiert werden. Sie dienen der Simulation von Passagieren oder Fracht bei den Testflügen und der Veränderung von Schwerpunktlagen.

3 Stunden 54 Minuten – der Jungfernflug wurde ein Volksfest

Toulouse-Blagnac, 27. April 2005, 10:29:30 Uhr: 421 Tonnen modernste Technik heben ab. Über 20 Tonnen mehr, als eine Boeing 747-400 maximal in die Luft bringen kann. „F-WWOW" überwindet nach nur 1.800 Metern auf der berühmten 3.500 Meter langen Startbahn 32L, auf der am 2. März 1969 die erste Concorde und am 28. Oktober 1972 der Airbus A300B2 in den französischen Himmel starteten, die Schwerkraft. Der erste vierstrahlige Airbus A380, der 560 Tonnen in den Himmel bringen kann, fliegt. Begeistert gefeiert von vielen tausend Mitarbeitern im weiten Werksgelände, von über 5.000 fröhlichen Zuschauern jenseits des Flughafengeländes und von über 50.000 Franzosen, die vor vier überdimensionalen Leinwänden in Toulouse den Jungfernflug miterleben. Und von vielen Millionen Franzosen, die auf den Fernsehschirmen das große Ereignis stolz bewundern und überall mit oft überschwänglicher Freude feiern. Viele Fans und Spotter aus ganz Europa hatten, bewaffnet mit den teuersten Kameras, rund um das Flughafengelände schon seit Tagen und manchmal gar Wochen auf den großen Moment gewartet und standen, als der Airbus abhob, auf Sandhügeln, Caravans und Campingwagen – und auf den Dächern ihrer Häuser und Betriebe. Der Erstflug des größten je entwickelten und gebauten Verkehrsflugzeuges wurde für die „Grand Nation" zum großen Volksfest. Und der Jubel der tausenden am Airbus-Airport war so groß und laut, dass die vier in schier unzähligen Tests geprüften Trent-900-Triebwerke kaum zu hören waren. Das Echo war pures Staunen: „So leise …"

3 Stunden 54 Minuten dauerte der Jungfernflug, der über den Südwesten Frankreichs und entlang der Pyrenäen bis in den Golf von Biscaya führte. Sechs Männer bewältigten diesen Flug, der sicher zu den wichtigsten der Luftfahrtgeschichte gehört. Als die sechs in ihren orangefarbenen Anzügen, die an Astronauten denken ließen, ihr Flugzeug verließen, kannte der Beifall keine Grenzen.

Claude Lelaie, Jahrgang 1946, Airbus-Vizepräsident und Chef der Flight Division, der das Politechnikum besucht und an der Nationalen Hochschule für Aeronautik studiert hat, erwarb schon 1963 den Privatpilotenschein, wurde 1967 Luftwaffenpilot und avancierte sechs Jahre später zum Leiter der Flugzeugabteilung im französischen Flugversuchszentrum Istres. Im englischen Boscombe Down ließ er sich 1988 zum Experimental Testpilot ausbilden und wurde schließlich 1994 an die Führung der Airbus-Flight Division berufen. Er war beim A319-Erstflug im August 1995 dabei und verantwortlich für den A340-600-Jungfernflug am 23. April 2001 und hat über 14.000 Flugstunden auf 200 verschiedenen Flugzeugmustern hinter sich. Außerdem leitete er jahrelang die berühmte Kunstflugstaffel „Les Porthos" und ist Dozent an der französischen Testpilotenschule EPNER.

Jacques Rosay, Jahrgang 1949, Airbus-Cheftestpilot, wurde nach seinem Studium an der französischen Luftfahrthochschule Luftwaffenpilot und ließ sich dann an der elitären Testpilotenschule EPNER ausbilden, ehe er 1982 selbst ins französische Flugversuchszentrum Istres wechselte und Cheftestpilot für die Mirage 2000 und die Rafale A wurde. Seit 1989 war er Testpilot für verschiedene Airbus-Typen, arbeitete zeitweilig für Air France und wechselte 1995 wieder als Testpilot zu Airbus, wo er in erster Linie an der Entwicklung des A380-Cockpits beteiligt war. Der leidenschaftliche Skiläufer, Bergsteiger und Segler Jacques Rosay, der zudem ein großer Kunst- und Literaturfreund ist, gehörte zur Crew der ersten A318-Fluges am 15. Januar 2002 in Hamburg und war verantwortlicher Kommandant beim A340-500-Erstflug am 11. Februar 2002, als mit der Flugingenieurin Sylvie Loisel-Labaste erstmals eine Frau bei einem Jungfernflug zur Crew gehörte. Jacques Rosay hat über 10.000 Flugstunden absolviert – rund 6.000 davon bei Testflügen.

Fernando Alonso, Jahrgang 1956, verantwortlicher Technischer Direktor der Flight Division, hat in Madrid Flugzeugbau studiert und begann seine Laufbahn 1979 als Flugversuchsingenieur bei McDonnell Douglas im kalifornischen Long Beach. 1982 wechselte der temperamentvolle Skiläufer und Tennisspieler zu Airbus und war an der Entwicklung der A310, der A300-600 und der A320 beteiligt, ehe er sich zum Flugversuchsingenieur ausbilden ließ. Zwischen 1995 und 2002 trug Fernando Alonso die technische Verantwortung für die Testprogramme der Airbus-Typen A319, A330-200, A340-500 und A340-600 und wurde 2002 in seine heutige Funktion berufen. Seitdem ist er vor allem mitverantwortlich für das A380- und das A400M-Programm. Fernando Alonso, der mit über 3.000 Testflugstunden registriert ist, war Flugversuchsingenieur beim fast vierstündigen, langen A319-Erstflug am 25. August in Hamburg-Finkenwerder. Gemeinsam mit seiner Familie engagiert er sich in Wohltätigkeitsprojekten in der Dritten Welt und organisiert regelmäßig Sommercamps für Not leidende Kinder in Phnom Penh in Kambodscha.

Gérard Desbois, Jahrgang 1958, Berufspilot und Flugingenieur seit 1982. Der erfahrene Ingenieur der Flight Division des französischen Luftfahrtkonzerns Aérospatiale – heute Airbus Frankreich – hat den verschiedensten Aérospatiale-Partnern seine Kenntnisse als Flugversuchsingenieur vermitteln können. Bereits mit 29 Jahren hatte er seine Ausbildung zum Flugversuchsingenieur abgeschlossen und war damit der Branchenbenjamin in Europa. Auf vielen zivilen und militärischen Mustern war der begeisterte Flieger bislang erfolgreich tätig, der mit 5.500 Flugstunden zu Buche steht – davon allein 4.500 bei Testflügen. Gérard Desbois, der Mitbesitzer eines 52-jährigen Oldtimers Piper J3 ist und regelmäßig Fachbeiträge für Luftfahrtmagazine schreibt, gehörte zu den Crews der A319- und A340-600-Jungfernflüge.

oben: F-WWOW schwenkt auf die Start- und Landebahn 32L des Airports Toulouse-Blagnac ein. Hier hoben einst auch die erste Caravelle, die erste Concorde und der erste Airbus A300B2 ab.

links: Die Crew des historischen Erstflugs: Gérard Desbois, Fernando Alonso, Manfred Birnfeld, Jacky Joye, Claude Lelaie, Jacques Rosay (von links nach rechts)

ERSTFLUG

Tout Toulouse und noch viel mehr war auf den Beinen, als der Airbus A380 zum Jungfernflug abhob. Tausende hatten sich seit Tagen bemüht, die günstigsten Beobachtungspositionen zu finden, um die besten Schnappschüsse machen zu können. Sie kamen nicht nur aus Frankreich, sondern auch aus Deutschland, Polen, Tschechien, Ungarn, Italien, England, Belgien, den Niederlanden, Spanien und Skandinavien. Und sogar ein paar flugverrückte Amerikaner waren dabei. Sie zelteten auf Wiesen, übernachteten in Campingwagen und waren glücklich, als – nach wochenlangem wolkenverhangenem Regenhimmel – am 26. April die Sonne durchkam und alle aufatmeten: Endlich konnte geflogen werden.

3 STUNDEN 54 MINUTEN

ERSTFLUG

Erstflüge in Toulouse

Der 3:54 Stunden lange Erstflug der A380 am 27. April 2005 war der sechste Airbus-Jungfernflug in Toulouse seit dem 28. Oktober 1972 – Varianten wie die A340-600 oder die A340-500 nicht einbezogen –, als eine fünfköpfige Crew mit den Piloten Max Fischl und Bernard Ziegler und dem Bremer Flugversuchsingenieur Günter Scherer zu ihrem 1:23 Stunden langen Erstflug mit dem ersten Airbus A300B2 startete. Der bis heute längste Erstflug fand am 2. November 1992 statt: Der Franzose Etienne Tarnowski und der spätere Hamburger Cheftestpilot Udo Günzel waren die Piloten beim 5:15 Stunden langen Jungfernflug des zweistrahligen Airbus A330. Die drei Testingenieure waren Gilles Robert, Jacky Joye, der auch zur A380-Crew gehörte, und der Deutsche Alfred Pasenau. Dieser Erstflug sorgte unter Fachleuten für viel Aufsehen: Die A330 stieg schon beim ersten Flug bis auf 41.000 Fuß Höhe.

Manfred Birnfeld, Jahrgang 1954, Flugversuchsingenieur. Der in Jünkerath in der Eifel geborene Triebwerksspezialist – der einzige Deutsche beim A380-Jungfernflug – gehört zu den erfahrensten Testflugingenieuren des Airbus-Konsortiums. Manfred Birnfeld – rund 3.000 Testflugstunden – hat bereits an den Erstflügen der drei kleinen „Hamburger Jets" A321, A319 und A318 teilgenommen. Der Rheinländer, der an der Technischen Universität Aachen studiert hat und im A380-Zulassungsprogramm vor allem für die GP7200-Triebwerke der amerikanischen Engine Alliance zuständig ist, begann seine berufliche Laufbahn bei den Vereinigten Flugtechnischen Werken (VFW-Fokker) in Bremen, ehe er 1982 kurzzeitig zu Aérospatiale wechselte. Manfred Birnfeld, der schon an der Flugerprobung des Airbus A310 beteiligt war, arbeitete seit 1983 im A320-Entwicklungsteam – „Da lebte ich anfangs wechselweise in Bremen, wo ich förmlich danach betteln musste, regelmäßig wieder nach Toulouse zu kommen, und in Toulouse, wo man händeringend Triebswerksspezialisten suchte, die heute noch in unserer Branche Mangelware sind." – und ist wie viele seiner Kollegen ein begeisterter Skiläufer und Bergsteiger. Außerdem wandert er gern auf den historischen Spuren der Inka in Südamerika.

Jacky Joye, Jahrgang 1946, hat die Nationale Aeronautikhochschule absolviert und zusätzlich an der Berkeley-Universität in den USA studiert. Jacky Joye, der 13 Jahre lang für den französischen Triebwerkshersteller SNECMA tätig war, ging 1983 als Testingenieur zu Airbus. Der angesehene Triebwerksspezialist war Mitglied der Crews bei den A330- und A340-600-Erstfügen 1992 und 2001 und kann als Flugversuchsingenieur auf über 5.000 Flugstunden zurückblicken. Wer den vierfachen Vater nach seinem liebsten Hobby fragt, bekommt von ihm lächelnd die Antwort: „Guter Wein und andere gute Getränke."

„Bei diesem Flug wären wir auch gern dabei gewesen"

Vier Franzosen, ein Deutscher, ein Spanier. Und die beiden renommierten Testpiloten Peter Chandler – der Brite gehörte beim zweiten A380-Flug zur Crew – und der Deutsche Wolfgang Absmeier, einer der erfahrensten europäischen Testpiloten, der auch schon drei Jahre lang in Hamburg tätig war und 1996 die berühmte amerikanische National Testpilot School (NTPS) in der Mojave-Wüste im Süden Kaliforniens besucht hatte, sprachen aus, was alle Kollegen der Flight Division dachten: „Bei diesem Flug wären wir auch gern dabei gewesen." Diesen Flug ließen sich die Routiniers Claude Lelaie und Jacques Rosay natürlich nicht nehmen. Sie wurden am 27. April 2005 französische Nationalhelden. Doch Wolfgang Absmeier und Peter Chandler, die an diesem Tag besonders engagiert den denkwürdigen Flug verfolgten, jedermann kundig Auskunft gaben und wertvolle Aufklärungsarbeit leisteten, wussten im Augenblick dieses Erstfluges schon, dass auch sie den Airbus A380 noch sehr oft fliegen werden. Schon Ende Mai war „F-WWOW" fast täglich – mit ständig wechselnden Besatzungen – in der Luft. Und manchmal wurde sogar zweimal täglich geflogen. 2.500 Flugstunden mit fünf Flugzeugen gehören zum umfangreichen Zertifikations- und Zulassungsprogramm für die 15-köpfige multinationale Testpilotencrew und die Flugversuchsingenieure in Toulouse, bis der erste „Große Europäer" an den Erstkunden Singapore Airlines ausgeliefert werden darf und kann. Einer der deutschen Testpiloten im Airbus-Zentrum ist der Kosmonaut Klaus-Dietrich Flade, der im März 1992 mit der russischen Mission „Mir 92" 192 Stunden lang im Weltall war. Doch auch auf die Testpiloten und Flugversuchsingenieure in Hamburg-Finkenwerder wartet handfeste Arbeit. Hamburg ist Auslieferungszentrum für alle A380 für Europa und den Nahen und Mittleren Osten. Das bedeutet, dass auch Bernd Schäfer, Cheftestpilot an der Elbe, der Franzose Paul Roux, die Engländer John Bolton und Peter Lofts und die Deutschen Eckhard Hausser und Martin Scheuermann – dazu kommen acht Flugversuchs- und Flugtestingenieure aus vier Nationen – den fliegenden Riesen bis ins Detail kennen lernen und fliegen werden.

Vor dem Start hatte der Airbus A380 ein monatelanges umfassendes Programm von Bodenprüfungen durchlaufen, das schon im Sommer 2004 mit dem ersten Einschalten der Stromversorgung – „Power-on"-Meilenstein genannt – begonnen hatte. Zwischen dem Sommer 2004 und Ende April 2005 wurden dann sämtliche technischen Anlagen und Systeme des Flugzeuges von der Hydraulik und Elektrik bis hin zur Prüfung der Flugzeugzelle und aller weiteren Komponenten geprüft. Dazu gehörten auch statische Belastungsversuche des Rumpfes und der Tragflächen. Bewältigt wurde dieses umfangreiche Versuchsprogramm in vielen tausend Arbeitsstunden in den verschiedenen Airbus-Testzentren in Frankreich, Großbritannien und in Deutschland und hier vor allem in Hamburg-Finkenwerder, Bremen und Dresden.

So sicher war man sich im Cockpit der „F-WWOW" und in der Airbus-Führungsetage, dass schon fünf Minuten vor der ersten Landung der A380 in Toulouse-Blagnac die Lobeshymnen der Testpiloten schriftlich vorlagen. Claude Lelaie: „Das war ein überaus erfolgreicher Jungfernflug und wir haben jede Minute davon genossen. Alle Testziele, die wir uns gestellt hatten, haben wir erreicht." Jacques Rosay stimmte ihm zu: „Die Beschleunigung des Flugzeuges und die Steuerung waren exakt wie im Simulator. Jeder künftige A380-Pilot wird sich im Cockpit sofort wie zu Hause fühlen. Wir haben auch die neuen Funktionen im Cockpit als vorteilhaft empfunden, etwa die interaktiven und vertikalen Displays und neuen Bedienungsoberflächen, die der Crew ihre Arbeit wirklich leicht machen. Hier möchte ich besonders den Piloten unserer Airline-Kunden danken, die wichtige Beiträge zu dieser Cockpitauslegung geleistet haben." In Singapur, Paris und Frankfurt hört man das gern. Airbus-Boss

„BEI DIESEM FLUG WÄREN WIR AUCH GERN DABEI GEWESEN"

links: Der weiß-blaue Riese im ruhigen Flug über der Gascogne, der historisch berühmten südfranzösischen Region.

unten: Eine ungewohnte Perspektive aus dem Cockpit eines Begleitflugzeuges: Der Blick des Piloten geht himmelwärts auf 22 mächtige Räder eines vierstrahligen Riesenflugzeuges. Doch diese seltene Momentaufnahme hatte einen ernsten Hintergrund: Die Crew des Begleitflugzeuges war während des Jungfernfluges beauftragt worden zu überprüfen, ob und wie weit das Fahrwerk ausgefahren war, nachdem zuvor im A380-Cockpit ein optisches Signal versagt hatte, als das Fahrwerk eingezogen werden sollte.

Der Airbus A380 mit ausgefahrenem Fahrwerk vor dem prachtvollen Panorama der Pyrenäen. Ein Bild, das alle Airbus-Testpiloten seit Jahren kennen und das sie doch immer wieder begeistert und fasziniert. Piloten und Testingenieure waren sich einig: „Petrus war diesmal an Bord." Am 27. April 2005 herrschte in Südfrankreich Bilderbuchwetter – so, wie es sich die Testpiloten und die Luftfahrtbehörden gewünscht hatten. Bei schlechtem Wetter hätte nicht geflogen werden dürfen.

Landung nach einem 3 Stunden 54 Minuten dauernden Flug. Die Erde hat die „F-WWOW" wieder. Der deutsche Flugversuchsingenieur Manfred Birnfeld sprach aus, was alle empfanden: „Wir dürfen auf die Arbeiter und Ingenieure stolz sein, die dieses Flugzeug gebaut haben."

Noel Forgeard hatte schon eine Stunde nach dem Start stolz verkündet: „Das ist ein kollektiver Erfolg unserer 50.000 Mitarbeiter." Drei Stunden später landete die „F-WWOW" ...

Doch der erste Satz des 56-jährigen Cheftestpiloten Jacques Rosay, kaum dass sich die Tür des Cockpits geöffnet hatte, ging als Schlagzeile rund um die Welt: „Der Start war so leicht wie Fahrrad fahren", erklärte der Mann fröhlich lachend, der so gar nichts vom Habitus eines mutigen, starken und populären Fliegerhelden an sich hat, sondern mit seiner schmalen Statur und seiner scharf geschnittenen Brille eher einem beamteten Schulrat oder besser noch einem gelehrten Professor zu gleichen scheint. Das Echo: Standing Ovations. Jacques Rosay war einfach über alle Maßen glücklich. Er bestätigte, was der Testpilot Peter Chandler schon wenige Minuten nach dem Bilderbuchstart mit kühler britischer Gelassenheit erklärt hatte: „Das ist ein normaler Testflug, aber natürlich ein ganz besonderes Flugzeug." Manfred Birnfeld, oft gefragt, ob er stolz sei, zur A380-Erstflug-Crew gehört zu haben, gab sich ähnlich reserviert: „Stolz ist nicht das richtige Wort. Aber es war schon sehr schön, dabei gewesen zu sein. Stolz dürfen die vielen tausend Arbeiter und Ingenieure sein, die dieses Flugzeug gebaut haben." So ganz normal war dieser Flug allerdings selbst für die Akteure wohl doch nicht: Ausgerechnet Claude Lelaie hatte vorsichtshalber – ausnahmsweise – in einem kleinen bescheidenen Hotel in Toulouse in Airport-Nähe übernachtet – nach dem Motto: Bloß nicht zu spät kommen, bloß nicht im Stau der Fans und Schaulustigen hängen bleiben. Notfalls hätte er noch mit einem Taxi über das Flugfeld zu „seinem" Airbus A380 fahren können. Es war – in jeder Hinsicht – wirklich kein normaler Flug: Alle sechs Piloten und Ingenieure des Erstfluges trugen Fallschirme. Das ist zwar keine Auflage der Luftfahrtbehörden mehr, aber traditionelle Vorbeugepraxis aller Flugzeughersteller in aller Welt, auch wenn die Zunft darüber nicht gern spricht. Damit die Fallschirme schlimmstenfalls auch benutzt werden können, gibt es einen durch die vordere Frachttür führenden Evakuierungsschacht. Mittels einer pyrotechnischen Installation kann eine Öffnung in die Türfront gesprengt werden. Wenn man's durch diese Öffnung schafft, muss man noch am Flügelrumpf und am Höhen- und Seitenleitwerk vorbeikommen. Wer springen muss und will, muss sportlich sein. Nur der erste Airbus A380 hat diesen Notschacht.

Dieser „ganz normale" Flug war eben doch sehr viel mehr. Er hatte seine Tücken und seine großen Augenblicke. Und immer wieder stand Manfred Birnfeld noch Stunden und sogar Tage nach der Landung Rede und Antwort, warum das ursprüngliche Testprogramm im Detail etwas geändert werden musste: „Als das Fahrwerk eingezogen werden sollte, blieb ein optisches Signal aus, das dieses Procedere bestätigen sollte. Da haben wir auf Plan B umgeschaltet. Nur kein Risiko. Das war immer unser Motto. Doch es war überhaupt kein Problem." Es gab von vornherein für alle nur erdenklichen Zwischenfälle Alternativprogramme. „Im Grunde sind wir auf Überraschungen, die bei solchen Erstflügen immer vorkommen, vorbereitet. Sie sind meist klein und ohne sonderliche Bedeutung, aber wir müssen reagieren können, müssen vorbereitet sein. Es kommt immer darauf an, aufmerksam zu sein und jederzeit eine Antwort zu wissen. Man kann – auch bei Erstflügen – nie vorsichtig genug sein. Trotzdem sind wir uns sehr sicher. Aber wir dürfen nie zu selbstsicher sein." So Manfred Birnfeld. Der große Vorteil: Die zahlreichen Messinstrumente und -systeme im A380 weisen doch viele Parallelen mit dem Interieur des A330 und des A340 auf. Das erleichtert viele Arbeiten.

Schon beim Erstflug Flattertests

Später wurde das Fahrwerk auch wieder ordentlich ausgefahren und eingezogen. Doch eine Konsequenz gab es sicherheitshalber: „F-WWOW" stieg nicht, wie ursprünglich erwogen, auf über 30.000 Fuß (knapp 9.150 Meter) Höhe. Die Crew begnügte sich mit 4.000 Metern Höhe. Nichtsdestotrotz wurden schon imponierend viele Programmpunkte bewältigt. Viel mehr als erwartet. Manfred Birnfeld: „Wir sind in den verschiedensten Betriebsstellungen bei Geschwindigkeiten vom Stallwarning Speed von 130 Knoten (ca. 240 Stundenkilometer) bis zu 260 Knoten (gut 480 Stundenkilometer) geflogen." Während unterschiedlichster Flugphasen untersuchte die Besatzung die Steuerungseigenschaften unter den verschiedensten Bedingungen mit ein- und ausgefahrenem Fahrwerk und bei allen Klappen- und Vorflügeleinstellungen. Der deutsche Triebwerksingenieur Manfred Birnfeld bestätigte freimütig, was am Tag des Erstflugs noch nicht öffentlich geworden war: „Wir haben auch die ersten Flattertests geflogen." Respekt. Flattern ist die gefährliche Eigenvibration von Flugzeugteilen, angeregt durch aerodynamische Störungen oder Fremdfrequenzen. Flatterbrüche sind durch Flattern ausgelöste Materialüberbelastungen, die zur Zerstörung von Bauteilen führen können und schon zu schwersten Unfällen geführt haben. Auch wenn dieses berüchtigte Flattern dank moderner Simulatoren und schier endloser Versuche in Windkanälen immer beherrschbarer geworden ist, ein Restrisiko bleibt immer. Jedenfalls hat der erste Airbus A380 am 27. April 2005 bestätigt, was der erfahrene Airbus-Kapitän und Lufthansa-Operationschef Carl Sigel bereits Ende 2004 erkannt hatte: „Ich habe schon bei meinen Flügen im ‚Iron Bird' in Toulouse die Perfektion des Airbus A380 begriffen und gespürt, dass an der Entwicklung dieses Flugzeuges viele erfahrene Piloten und Flugingenieure teilgenommen haben. Das zahlt sich am Ende immer aus." Und doch gab es kurz nach dem spektakulär langsamen Vorbeiflug vor tausenden von begeisterten Franzosen, mit dem die sechsköpfige Crew das Flugzeug noch einmal in aller Schönheit präsentierte, und damit wenige Minuten vor der Landung noch eine eher groteske denn ernsthafte Schrecksekunde am Rande der Start-

und Landebahn 32L, als eine Airbus-Sprecherin über Lautsprecher mehrsprachig verkündete: „Die Landung verzögert sich wegen eines Unfalls um wenige Minuten." Verblüffung und Verwunderung rundum. Die Aufklärung folgte prompt: Am Stadtrand von Toulouse befindet sich in durchaus respektabler Entfernung zur Anflugschneise ein Krankenhaus. Und da es in nächster Nachbarschaft der Anflugschneise einen Verkehrsunfall gegeben hatte, hatte ein Rettungshubschrauber „Vorfahrt" – und „F-WWOW" musste einen kleinen, die Landung etwas verzögernden Umweg fliegen. So dauerte der Jungfernflug zu guter Letzt doch noch fast vier Stunden.

Alles überschwängliche Lob über ihre Pioniertat aber dämpften die sechs Männer des A380-Jungfernfluges immer wieder mit den Worten: „Dieses Flugzeug lässt sich genauso fliegen wie alle großen Airbus-Flugzeuge, wie ein A330 oder ein A340. Die Umstellung von einem A340 auf den Airbus A380 bereitet keine Probleme. Da war die Umstellung von der Boeing 707 auf den für damalige Verhältnisse schon gigantischen Jumbo sicherlich viel schwieriger." Dem widerspricht der mittlerweile 83-jährige ehemalige Lufthansa-Chefpilot Werner Utter, der aus weiter Entfernung im hessischen Bad Vilbel mit großem Interesse den Erstflug über Südfrankreich verfolgt hatte, energisch: „Ach was, im Grunde war's überhaupt kein Unterschied. Jedenfalls für einen, der fliegen konnte." Verschiedene Generationen sind da einer Meinung: Keine Angst vor den „fliegenden Giganten".

Der glücklichste Mann am Tag des historischen Jungfernfluges, mit dem „Old Europe" auf imponierende Art seinen Führungsanspruch in der internationalen Luftfahrtindustrie erhärtet hat, war der 68-jährige deutsche Ingenieur und Konstrukteur Jürgen Thomas. Der „Vater der A380" wusste gar nicht, wie viele Hände er schütteln sollte. Mit etwas feuchten Augen bekannte der charismatische Flugzeugbauer: „Es ist eine große Erleichterung für mich, dass alles so gut verlaufen ist. Es waren doch sehr viele Emotionen dabei – vor allem bei mir." Wohl wahr. Umso herzlicher waren die vielen, vielen Glückwünsche aus aller Welt.

Zwei ganz besondere Glückwünsche kamen aus Übersee. Erstkunde Singapore Airlines, der letztendlich im Herbst 2007 mit der A380 den Liniendienst zwischen Australien, Singapur und London aufnahm, gratulierte sofort: „Herzlichen Glückwunsch zum großartig verlaufenen Erstflug. Damit sind wir einen greifbaren Schritt näher daran, das Flugzeug in unsere Flotte einzubauen." Und auch der große Konkurrent Boeing gehörte zu den ersten Gratulanten: „Dieser Tag gehört Airbus. Die A380 ist eine Ingenieurleistung, auf die Airbus stolz sein kann. Wir wünschen Ihnen weiterhin Erfolg bei den Testflügen." Die Gratulation aus Seattle galt den Ingenieuren, Konstrukteuren und Arbeitern – nicht den erfolgreichen Managern und schon gar nicht den genauso erfolgreichen Verkäufern. Und das war irgendwie auch verständlich.

> **Der „Jet des 21. Jahrhunderts"**
>
> ... ist ein Flugzeug der Rekorde. Das wurde am Tag des ersten Fluges deutlicher denn je. 79,8 Meter Spannweite sind das Nonplusultra in der zivilen Luftfahrt. Das sind exakt 15,36 Meter mehr als bei einer Boeing 747-400. Es gibt in der Welt nur ein Frachtflugzeug, das noch imposantere Dimensionen hat: Die sechsstrahlige russische Antonow An-225 Mrija, die erstmals am 21. Dezember 1988 flog, ist 84,00 Meter lang, hat eine Spannweite von 88,40 Metern und eine Flügelfläche von 905 Quadratmetern. Der Airbus A380 ist 72,7 Meter lang und hat eine Flügelfläche von 846 Quadratmetern. Doch von diesem größten und schwersten Flugzeug der Welt – „Mrija" heißt „Traum" – ist bis heute nur ein einziges Exemplar gebaut worden und das war auch schon wiederholt stillgelegt worden.

ERSTFLUG

links von oben nach unten: Vier große Leinwände waren in Toulouse aufgestellt worden, auf denen tausende Franzosen den A380-Erstflug vom Start bis zur Landung verfolgen konnten. Nach dem Start wurde auch auf Werbetafeln auf das Ereignis hingewiesen.
Fernsehteams aus aller Welt übertrugen stundenlang das große Ereignis; einige französische TV-Anstalten waren von morgens bis abends live dabei.
In Frankreich wurden Erinnerungen an den Hype um Atlantikflieger Charles Lindbergh wach: Die Mitglieder der Erstflugcrew wurden wie Popstars gefeiert.

großes Bild: Geschafft! Sechs überglückliche Männer wurden stürmisch begrüßt und gefeiert – Minuten später folgte das Bad in der Menge hunderter interessierter und neugieriger Journalisten und Fotografen aus ganz Europa und auch aus Übersee. Tatsächlich waren alle wichtigen TV-Anstalten Europas, Amerikas und Asiens vor Ort.

SCHON BEIM ERSTFLUG FLATTERTESTS

oben rechts: Das ließen sich die Bosse nicht entgehen: Die Airbus-Chefs holten ihre populärsten Mitarbeiter schon auf der Gangway des gerade gelandeten Airbus A380 ab und sonnten sich mit ihnen im Jubel tausender begeisterter Franzosen.

unten rechts: Der testflugerprobte deutsche Triebwerksingenieur Manfred Birnfeld, der aus der Eifel stammt, im Gespräch mit Buchautor Karl Morgenstern (links) und dem NDR-Fernsehjournalisten Jürgen Hinrichs (Mitte).

links: Der glücklichste Mensch nach der Landung des vierstrahligen Airbus-Riesen war der deutsche Ingenieur und Konstrukteur Jürgen Thomas. Der „Vater des Airbus A380", der viele Jahre lang eine Schlüsselrolle im Airbus-Konsortium gespielt hat und an der Entwicklung vieler Flugzeuge beteiligt war, bekannte mit feuchten Augen: „Es ist eine große Erleichterung für mich, dass alles so gut verlaufen ist. Es waren doch sehr viele Emotionen dabei – besonders bei mir."

Die Triebwerke
Die Qual der Wahl

DIE TRIEBWERKE

Für die Flugerprobung des Trent 900 wurde eine Airbus-eigene A340-300 genutzt, wobei eines der normalerweise vier CFM56-Triebwerke durch den neuen A380-Antrieb ersetzt wurde (oben und vorangehende Doppelseite).

Das Trent 900 ist zwar nicht das größte jemals für ein Zivilflugzeug entwickelte Triebwerk, aber seine Dimensionen sind dennoch beeindruckend, wie der Größenvergleich mit den Technikern auf dem rechten Foto verdeutlicht.

Das Trent 900 macht den Anfang

Zumindest in diesem Punkt kann die A380 nicht mit Superlativen aufwarten: Ihre Triebwerke sind keinesfalls die größten in der Zivilluftfahrt, weder was den Schub noch was die äußeren Abmessungen angeht. In beiden Kategorien haben die für die zweistrahlige Boeing 777 entwickelten Antriebe General Electric GE90, Pratt & Whitney PW4000 sowie Rolls-Royce Trent 800 mehr zu bieten. Sie weisen Fan-Durchmesser (der Fan oder „Bläser" ist der große Schaufelkranz, den man sieht, wenn man von vorn auf das Triebwerk blickt) von bis zu 3,25 Metern auf, wohingegen sich die A380 mit 2,95 Metern begnügen muss. Und während die 777-Antriebe bis zu 115.000 Pfund Schub liefern, wurden für den Airbus-Riesen bei Indienststellung der ersten Passagierversion A380-800 gerade einmal 70.000 Pfund gefordert.

Immerhin darf der europäische Super-Jumbo für sich in Anspruch nehmen, über die modernsten und umweltfreundlichsten Triebwerke dieser Schubklasse zu verfügen, die es gegenwärtig auf dem Markt gibt. Die Vorgaben von Airbus waren unmissverständlich: Die A380 musste nicht nur die aktuell gültige Lärmgrenze (Stage 3) unterbieten, sondern auch die erwarteten neuen Stage-4-Grenzwerte erfüllen. Dass der riesige Vogel in der Tat erstaunlich leise ist, davon konnte sich ein Millionenpublikum beim in alle Welt übertragenen Erstflug überzeugen, bei dem die A380 zwar sehr gut zu sehen, aber kaum zu hören war. Und auch die ersten Passagiere haben sich nach der Indienststellung der A380 positiv über diesen Aspekt – und keineswegs nur diesen – einer Reise mit dem größten Verkehrsflugzeug der Welt geäußert.

Bei den Abgasen (Stickoxide, Kohlenwasserstoffe, Kohlenmonoxid, Rauch) wiederum galten die in der CAEP/4-Verordnung festgelegten Höchstwerte als Minimalziel.

Im Allgemeinen haben Fluggesellschaften beim Kauf eines Großraumflugzeugs die Auswahl zwischen mehreren Antriebsvarianten – Ausnahmen wie Airbus A340-500 und -600 sowie Boeing 777-200LR und -300ER bestätigen wieder einmal nur die Regel. Und nicht anders verhält es sich bei der A380. Doch auch in der Luftfahrt trifft gelegentlich zu, was für das private Zusammenleben gilt, wie die drei großen Triebwerkhersteller General Electric, Pratt & Whitney und Rolls-Royce erfahren mussten, als sie alle ein Stück vom Kuchen in Gestalt des Airbus A330 und der Boeing 777 abhaben wollten. Die Folge waren erbitterte (Preis-)Kämpfe um Marktanteile und die Erkenntnis, dass drei in der Tat oftmals einer zu viel sind. Zu dieser Feststellung bedarf es nicht einmal großer mathematischer Fähigkeiten, wenn man sich vor Augen hält, dass ein Triebwerkprogramm nach allgemeinem Dafürhalten dann als erfolgreich gilt, wenn es auf einen Marktanteil von mindestens 40 Prozent kommt ...

So können sich die Fluggesellschaften heute zwischen zwei Antriebsvarianten entscheiden – dem Trent 900 von Rolls-Royce und dem GP7000 der Engine Alliance, einem Gemeinschaftsunternehmen, an dem die Unternehmen General Electric und Pratt & Whitney zu je 50 Prozent beteiligt sind.

Eine ohne Zweifel für alle Beteiligten sinnvolle Beschränkung. Denn ganz egal, ob man es beim prognostizierten Bedarf an Flugzeugen mit 500 und mehr Sitzen eher mit Airbus hält und Auslieferungszahlen deutlich jenseits der Tausendergrenze in den kommenden 20 Jahren erwartet oder ob man den erheblich niedrigeren Erwartungen Boeings vertraut – der Markt für die A380 wird von überschaubarer Größe sein; und damit auch die Zahl der zu verkaufenden Triebwerke. Eine zweite Anwendung für Trent 900 und GP7000 wird es mit ziemlicher Sicherheit nicht geben, zumal sich Boeing bei der 747-8 bereits für das GEnx von General Electric entschieden hat.

Im Übrigen hatten nicht nur die Triebwerkproduzenten, sondern auch Airbus selbst kein großes Interesse an einem Dreikampf um den A380-Antrieb. Allerdings weniger aus Rücksicht auf die Finanzlage von GE, Pratt und Rolls-Royce, sondern mehr mit Blick auf die eigene Kasse. Denn ein drittes Zulassungsprogramm hätte entsprechend mehr Zeit und vor allem Geld in Anspruch genommen.

Das Trent 900 macht den Anfang

Die „Pole Position" unter den A380-Tragflächen sicherte sich Rolls-Royce. Und das gleich in zweierlei Hinsicht. Nicht nur, dass sich Singapore Airlines, Erstkunde des Airbus-Jumbos, für den britischen Antrieb entschied und damit zugleich festlegte, dass die A380 zunächst mit dem Trent-900-Triebwerk fliegen und zugelassen würde. Rolls-Royce hatte sich zudem bereits im Oktober 1996 und damit lange vor der US-Konkurrenz in einer Absichtserklärung bereit erklärt, ein Triebwerk für den geplanten europäischen Riesen zu entwickeln.

Das ist insofern bemerkenswert, als die Briten über viele Jahre im Airbus-Geschäft keine Rolle spielten. Zwar hatte Rolls-

„Alle Tests wurden ohne Probleme bestanden und ich denke, das ist Beweis dafür, wie gut die Computersimulationen sind, die uns zur Verfügung stehen. Wir müssen heute nicht mehr so viele Triebwerkstestläufe durchführen wie in der Vergangenheit."

Robert Nuttall
Vice President Marketing
Rolls-Royce

Rolls-Royce Trent 900

Aufbau:
  Fan
  8-stufiger Mitteldruckverdichter
  6-stufiger Hochdruckverdichter
  Ringbrennkammer
  1-stufige Hochdruckturbine
  1-stufige Mitteldruckturbine
  5-stufige Niederdruckturbine

Gesamtdruckverhältnis	37:1 – 39:1
Nebenstromverhältnis	8,7:1 – 8,5:1
Fandurchmesser	2,95 m
Länge	4,55 m
Gewicht	6.442 kg

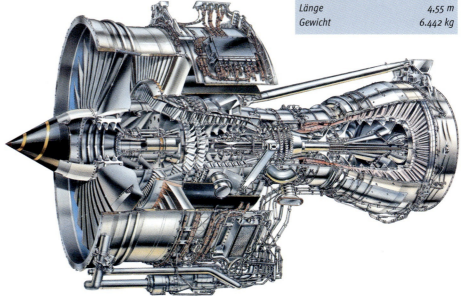

DIE TRIEBWERKE

Vorbereitung auf einen der wichtigsten Versuche während des gesamten Trent-900-Zulassungsprogramms, den so genannten „fan blade containment test". Bei diesem am Rolls-Royce-Standort Hucknall durchgeführten Test wird ein Fanblatt bei vollem Schub abgesprengt. Die Bruchstücke dürfen das Triebwerksgehäuse nicht verlassen, und der Antrieb muss sich anschließend kontrolliert abschalten lassen.

Royce ursprünglich den Antrieb für die A300 liefern sollen, konzentrierte die Kräfte dann aber lieber auf Lockheeds TriStar, sodass zunächst General Electric mit dem CF6 und Pratt & Whitney mit dem JT9 zum Zuge kamen. Doch mit der A330, für die Rolls-Royce das Trent 700 entwickelte, und schließlich den Langstreckenmodellen A340-500/600, bei denen das Trent 500 sogar eine Monopolstellung genießt, änderte sich das Bild. Dass man dann beim größten Verkehrsflugzeug der Welt ebenfalls mit an Bord sein wollte, war praktisch Ehrensache.

Anders als General Electric und Pratt & Whitney setzen die Briten beim Bau großer Triebwerke auf das Drei-Wellen-Prinzip, sodass der Fan und der Mitteldruckverdichter nicht von ein- und derselben Turbine angetrieben werden und sich somit auch nicht mit gleicher Geschwindigkeit drehen müssen. Der Vorteil eines zusätzlichen Mitteldrucksystems besteht in der Optimierung der Drehzahlen und damit der Effizienz von Fan, Mitteldruck- und Hochdruckverdichter, was aber durch einen naturgemäß aufwändigeren Aufbau erkauft wird. Seit dem RB211 für die TriStar und später für Boeing 747 und 757 hat Rolls-Royce das Drei-Wellen-Konzept konsequent umgesetzt und weiterentwickelt, wobei neue Triebwerke weitestmöglich nach dem Baukastenprinzip auf bewährten Komponenten vorangegangener Entwicklungen aufbauen. Beispielsweise beim bereits erwähnten Trent 500 für die A340-500 und -600: Der Fan entspricht in seinen Abmessungen dem des Trent 700 für die A330, während die Komponenten des Kerns (Mitteldruckverdichter und -turbine, Hochdruckverdichter und -turbine sowie die Brennkammer) auf denen des Trent 800 für die Boeing 777 basieren und entsprechend den geänderten Schubanforderungen skaliert wurden.

Auch beim Airbus A380 (oder damals noch A3XX) setzte Rolls-Royce auf das Prinzip Weiter- statt kompletter Neuentwicklung. Robert Nuttall, Vice President Marketing, begründet diese Entscheidung nicht zuletzt mit dem geringeren Risiko für die späteren Betreiber: „Dies ist ein völlig neues Flugzeug, und ein Derivat-Triebwerk reduziert das Risiko, was die Zuverlässigkeit betrifft, erheblich. In den ersten Jahren des Einsatzes entsteht der Ruf eines Flugzeuges, weil hier die Airlines aufgrund der noch geringen Flottengrößen am anfälligsten für Probleme sind."

Folgerichtig verwendete sein Arbeitgeber beim Trent 900 den – an den größeren Schub angepassten – Kern des Trent 500, kombinierte ihn allerdings mit einem von Grund auf neuen Fan. Dessen sichelförmige Blätter („swept fan") wurden erstmals mit dem Trent-8104-Demonstrationstriebwerk erprobt und gewährleisten eine bessere Luftdurchströmung und damit einen geringeren Treibstoffverbrauch. oDie weitere wichtige Veränderung stellt eine absolute Novität im zivilen Triebwerksbau dar: Das Hochdrucksystem dreht sich anders als die Mittel- und Niederdrucksysteme gegen den Uhrzeigersinn. Durch dieses Konstruktionsprinzip, das im militärischen Triebwerksbau, beispielsweise beim RB199 für den Tornado oder beim EJ200 für den Eurofighter, schon lange üblich ist, wenngleich aus anderen Gründen, wird eine störungsfreie Bewegung der Verbrennungsgase beim Übergang von der Hoch- zur Mitteldruckturbine erreicht, was geringere Leistungsverluste und damit ebenfalls einen niedrigeren Treibstoffverbrauch zur Folge hat.

Die Entwicklung dieses vierten Mitglieds der Trent-Familie verlief nicht zuletzt aufgrund der bei den vorangegangenen Programmen gesammelten Erfahrungen weitgehend problem-

Alles voll im Blick! Die Erprobung des Trent 900 verlief weitgehend problemlos, was Rolls-Royce zum einen darauf zurückführt, dass das A380-Triebwerk „nur" eine Weiterentwicklung der bewährten Trent-Familie und keine komplette Neuentwicklung ist, zum anderen mit der Genauigkeit moderner Computersimulationen erklärt, mit deren Hilfe viele kritische Punkte bereits vor den eigentlichen Testläufen virtuell durchgespielt werden konnten.

Natürlich wünscht sich jede Fluggesellschaft, dass die Triebwerke jederzeit zuverlässig ihren Dienst verrichten. Weil die Realität aber leider manchmal anders aussieht, ist es von größter Wichtigkeit, ein defektes Triebwerk möglichst schnell austauschen zu können – egal, wo das Flugzeug gerade steht. Rolls-Royce ist deshalb besonders stolz darauf, dass es gelungen ist, den Durchmesser des Trent 900 so klein zu halten, dass das komplette Triebwerk durch das seitliche Tor in einen Boeing-747-Frachter verladen werden kann und so für den Transport nicht extra eine Antonow AN-124 gechartert werden muss. Die Engine Alliance hat dagegen einen anderen Weg beschritten: Der Fan kann ohne größere Probleme vom restlichen Triebwerk getrennt und so separat verschickt werden.

DIE TRIEBWERKE

DAS TRENT 900 MACHT DEN ANFANG

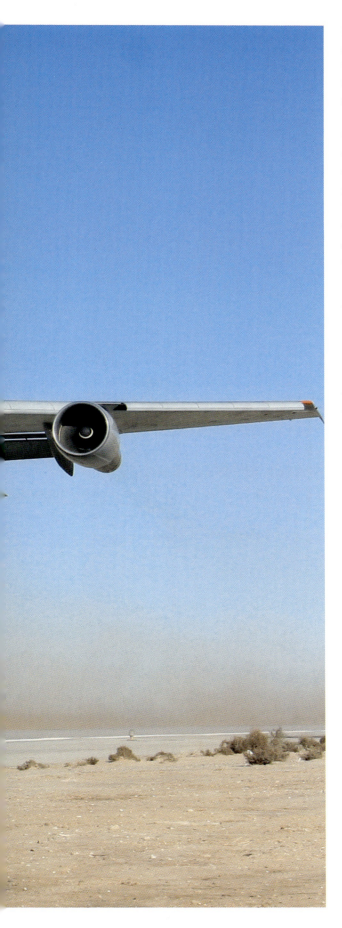

los – bis eine Reihe potenzieller A3XX-Kunden die Einhaltung der strengen QC2-Lärmgrenzwerte in London-Heathrow verlangte. „QC" oder „Quota Count" bezeichnet eine vergleichsweise simple, nichttechnische Klassifizierung des von Flugzeugen erzeugten Lärms und dient dem größten Londoner Flughafen zur Regulierung der Flugbewegungen und damit der Reduzierung der Lärmbelastung vor Ort. Vereinfacht ausgedrückt bedeutet die Einstufung eines Flugzeugtyps nach QC2, dass er von einer Airline doppelt so häufig nach Heathrow eingesetzt werden darf wie ein QC4-Muster. Die Boeing 747-400 ist ein solches QC4-Flugzeug, und Airbus war zunächst davon ausgegangen, dass die A3XX nur leiser sein sollte als der Jumbo-Jet, ohne deshalb gleich die QC2-Grenzwerte erfüllen zu müssen. Nun aber galt es, das Trent 900 gemäß den neuen Forderungen zu modifizieren.

Die gebräuchlichste und wirkungsvollste Methode, den Triebwerkslärm zu vermindern, besteht in einer Erhöhung des Nebenstromverhältnisses, in der Regel durch die Vergrößerung des Fandurchmessers. Wird der Anteil der Luft, die nach dem Passieren des Fans am Kerntriebwerk vorbeiströmt, erhöht, sinken Lärmemissionen und spezifischer Treibstoffverbrauch. Vorteile, die allerdings gemeinhin mit einem etwas größeren Widerstand und einem höheren Gewicht einhergehen.

Airbus und Rolls-Royce einigten sich darauf, den Fandurchmesser von 110 Zoll (279,4 cm) auf 116 Zoll (294,6 cm) zu erhöhen. Das wiederum erforderte eine Modifizierung der den Fan antreibenden Niederdruckturbine, um die Fandrehzahl und damit die Blattspitzengeschwindigkeit zu verringern. Schließlich galt es noch, die im Rahmen der Fanvergrößerung zugelegten Pfunde an anderer Stelle wieder loszuwerden. Rolls-Royce hatte ohnehin vorgesehen, das Fangehäuse, das beim Trent 500 noch vollständig aus Stahl besteht, beim Trent 900 zur Hälfte aus Titan zu fertigen. Nun kam das leichtere – und teurere – Material für das komplette Bauteil zum Einsatz.

„Das war das bei weitem größte einzelne Problem, mit dem wir während des gesamten Programms zu kämpfen hatten", bekräftigt Nuttall und verweist auf die ansonsten praktisch wie am Schnürchen verlaufenen Entwicklungsarbeiten und ein ebenso problemloses Test- und Zulassungsprogramm. Das wurde am 18. März 2003 aufgenommen, und bereits während der ersten Testläufe wurde der für die Zulassung angestrebte Schub von 80.000 Pfund (356 kN) übertroffen. Bei späteren Versuchen wurden sogar bis zu 93.000 Pfund (414 kN) erreicht; ein Beleg dafür, dass das Trent 900 über ausreichende Reserven für jede nur denkbare A380-Weiterentwicklung verfügt. Insgesamt sieben Triebwerke setzte Rolls-Royce für die Zulassungstests ein. Eines von ihnen verbrachte vom 17. Mai 2004 an etwa 60 Stunden in der Luft. Nicht als Antrieb einer A380 natürlich, denn deren erstes Exemplar war zu diesem Zeitpunkt noch weit von der Fertigstellung entfernt. Stattdessen bedienten sich die Briten einer Airbus-eigenen A340-300, deren CFM56-Triebwerk an der

GE nutzt seit vielen Jahren eine lange von Pan Am eingesetzte Boeing 747-100 für Testflüge mit neuen Triebwerken. Dabei wird der Antrieb Nummer zwei durch das zu testende Triebwerk ersetzt, was dem Flugzeug ein mitunter seltsames Aussehen verleiht, speziell wenn es sich um sehr kleine (beispielsweise das CF34 für Regionaljets) oder sehr große (GE90-115B für die Boeing 777-200LR/300ER) Antriebe handelt. Die Flugerprobung des GP7200 wurde im GE-Flugtestzentrum in Victorville, Kalifornien, durchgeführt.

DIE TRIEBWERKE

Die Bodentestläufe des GP7200 fanden im GE-Erprobungszentrum in Peebles, Ohio, statt, wo auch schon das größte und stärkste Ziviltriebwerk, das GE90-115B für die Boeing 777-300ER, erprobt wurde (oben und rechts).

Der riesige Fußball auf dem Foto rechts ist beileibe kein Sportgerät, sondern eine so genannten Turbulence Control Structure (TCS). Sie stellt sicher, dass die bei den Testläufen eingesaugte Luft ungestört in das Triebwerk strömt.

Position 2 (das linke innere) durch ein Trent 900 ersetzt worden war. Besonders beim Start verlangte der derart umgerüstete Airbus Fingerspitzengefühl auf Seiten der Testpiloten, zum einen wegen der gerade einmal 40 Zentimeter betragenden Bodenfreiheit, zum anderen wegen der ungleich größeren Kraft, die das Trent 900 im Verhältnis zum CFM56 entwickelt.

Bei diesen frühen Flugtests ging es vor allem darum nachzuweisen, dass alle Systeme prinzipiell funktionierten und Flugzeug und Triebwerk wie geplant „zusammenarbeiteten", sodass man sich in der eigentlichen Flugerprobung nach dem Jungfernflug auf die Detailarbeit, sprich die Optimierung des Antriebssystems, konzentrieren konnte.

Diese und alle übrigen Tests hat das Trent 900 ohne jede Probleme überstanden, was Nuttall nicht allein dem Umstand, dass das neue Triebwerk „nur" eine Weiterentwicklung der Trent-Familie ist, sondern auch der Leistungsfähigkeit heutiger Computersimulationen zuschreibt. Man sei inzwischen beispielsweise in der Lage, einen der spektakulärsten Versuche überhaupt, bei dem ein Fanblatt bei vollem Schub abgesprengt wird und vom Fangehäuse aufgefangen werden muss, inklusive der dabei auftretenden Belastungen sehr genau zu modellieren, sodass längst nicht mehr so viele echte Testläufe auf dem Prüfstand erforderlich seien wie in der Vergangenheit. Routine kommt bei diesen Versuchen dennoch selten auf, dafür sorgen schon die sich mit schöner Regelmäßigkeit ändernden Anforderungen. „Die Behörden versuchen immer, uns zu ‚helfen', indem sie neue zusätzliche Tests verlangen", so Nuttall. So wie in diesem Fall ein weiterer Vogelschlagtest mit einem zweieinhalb Kilogramm schweren Exemplar.

Ein wenig Mehrarbeit hat sich Rolls-Royce darüber hinaus selbst verordnet, indem nämlich das Trent 900 so getestet wurde, als fiele es unter die ETOPS-Regeln. ETOPS steht für Extended-Range Twin-Engine Operations, was im Deutschen ungefähr als „Flugbetrieb mit zweimotorigen Flugzeugen über große Entfernungen" übersetzt werden kann. Darin sind die Bedingungen festgelegt, unter denen ein Flugzeug mit zwei Triebwerken eine Route wählen darf, die weiter als 60 Minuten Flugzeit an einem geeigneten Flughafen vorbeiführt. Der Antrieb eines solchen Flugzeugs hat naturgemäß strengere Anforderungen, speziell hinsichtlich der Zuverlässigkeit, zu erfüllen, die aber, so betont Nuttall, keinerlei Auswirkungen auf die Effizienz haben. Rolls-Royce erhoffte sich durch diese zusätzlich eingebauten „Reserven" vor allem eine problemlose Indienststellung der A380 mit Trent-900-Triebwerken. Ein Wunsch, der allem Anschein nach in Erfüllung gegangen ist.

Bislang ist im Zusammenhang mit dem Trent 900 immer nur von Rolls-Royce die Rede. Fairerweise muss man hinzufügen, dass das Unternehmen „nur" etwa 30 Prozent des Triebwerks in Eigenregie produziert. Weitere 30 bis 40 Prozent entfallen auf so genannte „risk and revenue sharing partner", Unternehmen, die die von ihnen gelieferten Komponenten oder Baugruppen auf eigenes Risiko entwickeln, dafür aber entsprechend ihrem Programmanteil an den Verkaufserlösen beteiligt werden. Zu ihnen gehören ITP aus Spanien, Avio aus Italien oder Volvo Aero aus Schweden, Marubeni aus Japan sowie die US-Firmen Hamilton Sundstrand, Goodrich und Honeywell. Die übrigen Triebwerksteile werden zugekauft.

Nachdem alle geforderten Tests erfolgreich absolviert waren, erhielt das Trent 900 am 29. Oktober 2004 die Zulassung durch die europäische EASA. Was das neue Triebwerk wirklich zu leisten imstande war, würde man abschließend allerdings erst nach der Zulassung des Flugzeugs und den ersten Linienflügen sehen, aber Nuttall war bereits zu jenem Zeitpunkt in dieser Hinsicht sehr zuversichtlich: „Wir wissen, dass es leichter, leiser und sauberer ist als verlangt, und wir sind ziemlich zuversichtlich, dass es auch effizienter ist, als wir es Airbus garantiert haben." Und noch auf einen weiteren Aspekt war und ist Nuttall stolz: Anders als das Konkurrenzprodukt lässt sich „sein" Triebwerk in einem Stück mit einem Boeing-747-Frachter befördern, denn das Trent 900 weist an der dicksten Stelle einen Durchmesser von „nur" 336 Zentimetern auf und passt daher – wenngleich ganz knapp – durch die Ladetür des Fracht-Jumbos.

Das Beste aus zwei Welten

Rund ein Dreivierteljahr nach dem Trent 900 hatte das GP7200 seine Bewährungsprobe im Linieneinsatz zu bestehen, als Emirates Airline im Juli 2008 ihre erste von 58 bestellten A380 übernahm. Dass das Alternativtriebwerk zum Trent 900 einer Kooperation der großen Rivalen General Electric und Pratt & Whitney entstammt, verdanken Airbus und die A380-Kunden ausgerechnet – Boeing. Die Amerikaner hatten Mitte der Neunzigerjahre ihren ersten von mehreren Versuchen gestartet, auf Basis der 747-400 ein Verkehrsflugzeug mit noch größerer Kapazität auf den Markt zu bringen. Das Problem war nur, dass keiner der drei großen Triebwerkshersteller über einen geeigneten Antrieb für die geplanten Super-Jumbos 747-500X und 747-600X verfügte – und keiner besonderes Interesse hatte, sich mit der Entwicklung eines solchen Triebwerks zu befassen. Deshalb nahmen General Electric, Pratt & Whitney und Boeing zum Jahreswechsel 1995/1996 auf höchster Ebene, aber in aller Stille Gespräche über ein mögliches Joint Venture der beiden US-Triebwerksproduzenten auf mit dem Ziel, wenigstens einen den Boeing-Anforderungen entsprechenden neuen Antrieb zu entwickeln. Im Mai des Jahres 1996 wurden der Kooperationsvertrag für die so genannte Engine Alliance unterzeichnet und gleich darauf die Arbeiten aufgenommen. Denn Boeing hatte nicht nur sehr strenge Vorgaben hinsichtlich der Wirtschaftlichkeit und Umweltverträglichkeit des neuen Triebwerks gemacht, sondern auch einen sehr ambitionierten Zeitplan aufgestellt, wonach die 747-Weiterentwicklungen bereits 1999 fliegen sollten.

Das GP7000, wie die Grundbezeichnung des gemeinsamen Triebwerksprogramms lautete, sollte nicht komplett neu entworfen werden, sondern auf bestehenden Komponenten aus den 777-Antrieben (GE90 beziehungsweise PW4000) der beiden Programmpartner aufbauen. Die Aufteilung der Arbeiten fiel dabei offensichtlich leicht, wie Bruce Hughes, von 2004 bis 2008 President der Engine Alliance, erläuterte: „Es war offensichtlich, denn Pratt verfügte über keinen Kern mit dem erforderlichen Druckverhältnis und GE hatte keinen Fan mit dem gewünschten Durchmesser von 110 Zoll." Folglich würde General Electric für das Kerntriebwerk, bestehend aus dem Hochdruckverdichter, der Brennkammer, der Hochdruckturbine sowie der elektronischen Triebwerksregelung (FADEC), und Pratt & Whitney für den Fan, den Niederdruckverdichter und die Niederdruckturbine verantwortlich sein.

Überraschend unkompliziert gestalteten sich die Übergänge zwischen den von den beiden Engine-Alliance-Partnern gelieferten Komponenten. „Uns kam entgegen, dass die zwei Unternehmen ziemlich ähnliche Entwurfsphilosophien hatten", erklärte Bruce Hughes. So setzten beide, anders als Rolls-Royce, bei ihren Boeing-777-Antrieben auf ein Zwei-Wellen-Konzept, und auch die Luftführung durch die Triebwerke und die Schmierung waren ähnlich, sodass es im wahrsten Sinne des Wortes nur wenige Reibungspunkte gab. Für deren Beseitigung wiederum wurden 33 Teams aus Mitarbeitern beider Hersteller gebildet, zwischen denen es, „wie bei Ingenieuren üblich" (Hughes), zwar regelmäßig lebhafte Diskussionen gab, die aber trotzdem relativ zügig zu einem stimmigen Gesamtkonzept kamen.

Das ganze Jahr 1996 über liefen die Arbeiten am GP7100 (die „1" steht dabei für die Verwendung an einem Boeing-Flugzeug) auf Hochdruck, doch Anfang 1997 ließ der US-Flugzeughersteller das 747-X-Programm wieder in der Schublade verschwinden. Ganz vergeblich waren die investierten Stunden

„Uns kam entgegen, dass die zwei Unternehmen ziemlich ähnliche Entwurfsphilosophien hatten."

Bruce Hughes
Ehemaliger President
der Engine Alliance

Engine Alliance GP7200

Aufbau
    Fan
    5-stufiger Niederdruckverdichter
    9-stufiger Hochdruckverdichter
    Ringbrennkammer
    2-stufige Hochdruckturbine
    6-stufige Niederdruckturbine

Gesamtdruckverhältnis (max. Steigflug)	43,9
Nebenstromverhältnis (Reiseflug)	8,7:1
Fandurchmesser	2,95 m
Länge	4,75 m
Gewicht	6085 kg

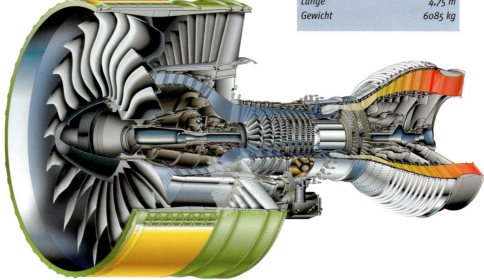

DIE TRIEBWERKE

und Dollars dennoch nicht. Denn bereits seit dem Sommer 1996, nach Gründung der Large Aircraft Division bei Airbus, hatte sich die Engine Alliance mit einer möglichen Triebwerksalternative für den damals noch A3XX genannten geplanten europäischen Super-Jumbo beschäftigt. Im Mai 1998 schließlich wurde im Rahmen einer Absichtserklärung festgelegt, dass die Engine Alliance das GP7200 (die „2" verweist auf einen Airbus-Antrieb) für die A3XX entwickeln und anbieten würde.

Zwar bildete das GE90-Kerntriebwerk die Basis für die Hochdruckkomponenten des GP7200, doch anders als beim Boeing-777-Antrieb entschieden sich General Electric und Pratt & Whitney bei ihrem Gemeinschaftsprodukt gegen eine doppelte und für eine einfache Ringbrennkammer. Ursprünglich hatten die beiden Partner zudem vorgesehen, eine an den niedrigeren Schubbedarf des A380-Triebwerks angepasste Variante des zehnstufigen GE90-94B-Hochdruckverdichters zu verwenden, doch schließlich fiel die Wahl auf den Hochdruckverdichter des GE90-115B, der nur über neun Stufen verfügt und für das GP7200 auf etwa 85 Prozent seiner ursprünglichen Größe verkleinert wurde. Auch der Niederdruckteil des neuen Triebwerks wurde nicht unverändert vom PW4000 übernommen. Dessen Fanblätter waren zwar ebenfalls aus Titan gefertigt und nicht massiv, sondern innen hohl, verfügten aber noch über gerade Vorderkanten. Neuland betrat Pratt & Whitney beim GP7200 dennoch nicht, denn die Amerikaner gelten als Pionier der sichelförmigen oder geschwungenen („swept") Fanblätter und besitzen fast alle der ursprünglichen Patente auf dieses Konzept.

Die größte Herausforderung bei der Entwicklung stellte für die Engine Alliance – ebenso wie für Rolls-Royce – allerdings die Forderung nach Erfüllung der QC2-Lärmgrenzwerte dar, die auch beim GP7200 zu einer Vergrößerung des Fandurchmessers auf 116 Zoll führte. Damit einher gingen die Erweiterung von Niederdruckverdichter und Niederdruckturbine um jeweils eine Stufe – Veränderungen, die nicht nur bei General Electric und Pratt & Whitney die Köpfe rauchen ließen. Denn die Engine Alliance ist zwar grundsätzlich ein Joint Venture dieser Unternehmen, doch das heißt noch lange nicht, dass auch jeweils 50 Prozent der Arbeiten am GP7200 auf die beiden US-Firmen entfallen. Ganz im Gegenteil sogar, denn MTU Aero Engines hat sich einen beträchtlichen Anteil gesichert. Insgesamt 22,5 Prozent des GP7200 stammen von Deutschlands führendem Triebwerkshersteller, und dabei geht es keinesfalls nur um Zulieferarbeiten für General Electric oder Pratt & Whitney, mit denen MTU seit vielen Jahren beispielsweise bei den CF6-, PW4000- und PW6000-Programmen kooperiert. Vielmehr wurden dem in München ansässigen Unternehmen Entwicklung, Fertigung und Montage der kompletten Niederdruckturbine und des Turbinenzwischengehäuses sowie die Fertigung von Schaufeln und Scheiben der Hochdruckturbine übertragen. Auch der langjährige General-Electric-Partner Snecma aus

Deutlich sind auf diesem Ende November 2004 aufgenommenen Foto die Größenunterschiede zwischen dem zu erprobenden GP7200 und den drei Standardtriebwerken des Typs Pratt & Whitney JT9D zu erkennen. Der erste Testflug fand am 3. Dezember 2004 statt. Während der Erprobung des GP7200 wurde ein Schub von mehr als 94.000 Pfund (419 kN) erzielt, obwohl das Triebwerk zunächst „nur" für 76.500 Pfund (341 kN) zugelassen wurde.

Frankreich (Hochdruckverdichter) sowie Techspace Aero aus Belgien (Niederdruckverdichter) konnten sich größere Programmpakete sichern und sich an Risiko und Erfolg des GP7200 beteiligt.

Während der Arbeiten am vergrößerten Fan wurden übrigens Überlegungen angestellt, die Titanblätter durch solche aus Verbundwerkstoffen zu ersetzen. Es stellte sich heraus, dass beide Materialien bei einem Fandurchmesser von 116 Zoll zu in etwa denselben Gewichten führen, die Titanblätter bei kleineren Durchmessern allerdings leichter ausfallen würden. Das war insofern von Bedeutung, als Boeing zu dieser Zeit noch an einer möglichen neuen 767-Variante arbeitete, für die eine GP7100-Variante mit 103 Zoll Fandurchmesser vorgesehen war. Weshalb man sich entschied, es bei dem metallischen Werkstoff zu belassen.

Obwohl das GP7200 auf bewährten Komponenten vorangegangener Triebwerksprogramme aufbaut, ist es doch, speziell durch das Zusammenfügen von Komponenten zweier normalerweise konkurrierender Hersteller, eher eine Neuentwicklung als das Trent 900. Schon aus diesem Grund hatte die Engine Alliance eine gewisse Zeitreserve in das Entwicklungs- und Zulassungsprogramm eingebaut. Auch wenn von Airbus-Seite aus die Zertifizierung erst für Ende Oktober 2005 vorgesehen war, hatten sich General Electric und Pratt & Whitney eigentlich den Juli desselben Jahres als Termin für die Zulassung gesetzt. Eine durchaus begründete Vorsichtsmaßnahme, wie sich zeigen sollte, denn „wir haben das Zeitpolster ziemlich aufgebraucht", wie Bruce Hughes bestätigte. Es waren keine dramatischen Probleme, die dazu führten, dass die Zertifizierung durch die FAA erst am 29. Dezember 2005 erfolgte, und auch keine, die grundsätzlich mit der unternehmensübergreifenden Zusammenarbeit, den strengen Airbus-Gewichtsvorgaben oder gar mit nicht beherrschbaren Technologiesprüngen zusammenhingen. „Die wichtigsten (neuen) Technologien, die wir eingeführt haben, sind die Brennkammer und der Fan – und beide funktionieren wunderbar", bekräftigte Hughes seinerzeit. Schwierigkeiten bereitete unter anderem die Hochdruckturbine, bei der es zu Ermüdungserscheinungen in den Schaufeln kam, die Modifikationen erforderten. Dass es etwas später wurde als geplant, hing allerdings auch damit zusammen, dass die Engines Alliance nach den bekannten Komplikationen bei Airbus ein wenig den Druck aus dem Zulassungsprogramm genommen hatte.

Inzwischen aber liegen diese Probleme hinter der Engine Alliance. Die Tests, die mit den ersten Bodenstandläufen am 10. März 2004 begonnen hatten, haben gezeigt, dass die Airbus-Vorgaben nicht nur erreicht, sondern beispielsweise beim spezifischen Treibstoffverbrauch und beim Lärm sogar übertroffen wurden. Im November 2007 konnte Airbus stolz verkünden, dass die A380 mit GP7200-Triebwerken das mit Abstand leiseste Langstreckenflugzeug der Welt ist.

Zum ersten Mal in die Luft ging diese Kombination von Flugzeug und Antrieb am 25. August 2006, als die A380 mit der Seriennummer MSN009 ihren Jungfernflug absolvierte. Geflogen war das Triebwerk zu diesem Zeitpunkt allerdings schon. Die Engine Alliance brauchte dabei nicht einmal auf die A340-300 von Airbus zurückzugreifen, weil General Electric für solche Zwecke eine eigene Boeing 747-100 betreibt. Mit dem GP7200 an der Nummer-2-Position unter der linken Tragfläche startete der Jumbo am 3. Dezember 2004 zum ersten Testflug.

Weil das GP7200, wie bereits erwähnt, als Ganzes nicht durch die Frachttür einer Boeing 747 passt, haben sich die Engine-Alliance-Ingenieure eine Besonderheit einfallen lassen: Der Fan lässt sich ohne Probleme vom restlichen Triebwerk trennen, sodass bei einer Beschädigung im Hochdruckbereich nicht gleich der komplette Antrieb verschickt werden muss.

Noch ein Triebwerk

Bislang ist immer die Rede von vier Triebwerken gewesen, doch die A380 verfügt, wie praktisch jedes moderne Verkehrsflugzeug, noch über ein weiteres Triebwerk, die so genannte Hilfsgasturbine oder Auxiliary Power Unit (APU). Sie wird allerdings nicht dazu genutzt, um beim Start oder im Reiseflug zusätzlichen Schub zu produzieren, sondern liefert vielmehr am Boden bei abgestellten Triebwerken die für Instrumente, Klimaanlage und andere Systeme erforderliche elektrische, hydraulische und pneumatische Energie. Bei der A380 stammt die APU von Pratt & Whitney Canada. Die PW980A, deren kleinere Schwester PW901A bei der Boeing 747-400 zum Einsatz kommt, leistet maximal 2.000 PS (1.470 kW). Damit ließe sich ohne Probleme ein Verkehrsflugzeug für 19 Passagiere antreiben.

Der deutsche Triebwerkhersteller MTU Aero Engines ist mit insgesamt 22,5 Prozent am GP7000-Programm beteiligt. Er liefert beispielsweise die komplette Niederdruckturbine sowie das Turbinenzwischengehäuse und ist für die Fertigung von Schaufeln und Scheiben der Hochdruckturbine verantwortlich. Zudem werden im eigens dafür erweiterten Entwicklungsprüfstand am Firmensitz in München unter anderem die so genannten „Fleet Leader"-Tests durchgeführt, bei denen 3000 Flugzyklen – was in etwa fünf Einsatzjahren entspricht – innerhalb von 500 Testlaufstunden absolviert werden.

Nicht das fünfte Rad am Wagen, sondern das fünfte Triebwerk an Bord eines jeden großen Verkehrsflugzeugs ist die Hilfsgasturbine oder Auxiliary Power Unit (APU), die das Flugzeug am Boden und bei abgeschalteten Triebwerken mit Energie für die wichtigsten Systeme versorgt. Bei der A380 stammt die APU von Pratt & Whitney Canada und trägt die Bezeichnung PW980A.

Die Erprobung

Stunde(n) der Wahrheit

DIE ERPROBUNG

A380-Pilot Wolfgang Absmeier

Der 1959 im bayerischen Rotthalmünster geborene Wolfgang Absmeier ist einer der wenigen Piloten, die den Super-Airbus bereits kurz nach dem Jungfernflug steuern durften. Nach zehn Jahren bei der Bundeswehr, für die er die F-4 Phantom flog, kam er Anfang 1988 zur Fluggesellschaft LTU, wo er im Cockpit von Lockheed TriStar und Airbus A330 saß. Seit 1998 arbeitet Absmeier, der bislang etwa 12.000 Flugstunden gesammelt hat, für Airbus. Der Absolvent der Testpilotenschulen im kalifornischen Mojave und im französischen Istres lebt seit 2001 in Toulouse, um am A380-Programm mitzuarbeiten.

Ganz so einfach geht es dann leider doch nicht: „Wenn sich das echte Flugzeug so verhält wie der Simulator, könnte es heute in Dienst gestellt werden." Aber Airbus-Cheftestpilot Jacques Rosay weiß natürlich, dass erstens selbst die beste Computersimulation die Realität niemals vollständig wiedergeben kann und zweitens keine Luftfahrtbehörde der Welt ein neues Flugzeug allein aufgrund einer rein virtuellen „Erprobung" zulassen würde. Schließlich ist die A380-800 auf die Beförderung von fast 900 Passagieren ausgelegt; da muss selbstverständlich sichergestellt sein, dass alle Systeme – Triebwerke, Bremsen, Ruder, Klimaanlage etc. – jederzeit zuverlässig funktionieren und das Flugzeug in jeder nur denkbaren Situation von der Besatzung sicher beherrscht werden kann. Und natürlich wollen auch die Fluggesellschaften, die den Riesenflieger einmal einsetzen werden, wissen, ob die A380 die von Airbus bei Vertragsabschluss garantierten Leistungen erfüllt.

Viel Arbeit für MSN001

Entsprechend umfangreich ist das Programm, dem sich jedes neue Flugzeug vor der Erteilung des behördlichen Segens und der Indienststellung unterziehen muss. Airbus hatte ursprünglich eine auf rund 13 Monate veranschlagte Erprobungs- und Zulassungsphase vorgesehen, während der die ersten vier A380-Testflugzeuge – allesamt mit Trent-900-Triebwerken von Rolls-Royce ausgestattet – zwischen 2.000 und 2.500 Stunden in der Luft verbringen sollten. Und obgleich die Auslieferung aufgrund der Probleme mit der Verkabelung (siehe Kasten auf Seite 71) schließlich erst mit rund anderthalbjähriger Verspätung begann, verlief das eigentliche Zertifizierungsprogramm weitgehend plangemäß. Als die A380 am 12. Dezember 2006 – und damit ziemlich genau zu dem im revidierten Zeitplan vom Sommer 2005 angekündigten Zeitpunkt – als erstes Verkehrsflugzeug überhaupt gleichzeitig von der Europäischen Agentur für Flugsicherheit (EASA) und der US-amerikanischen Luftfahrtbehörde FAA zugelassen wurde, hatten die vier Flugzeuge auf 1.790 Flügen insgesamt 2.485 Stunden in der Luft verbracht. Bis Mitte Januar 2008, als Singapore Airlines ihre zweite A380 in Dienst stellte, waren daraus nahezu 3.400 Starts und Landungen sowie gut 4.200 Stunden Flugzeit geworden. Die durch den verspäteten Auslieferungsbeginn zwangsweise gewonnene Zeit nutzte der europäische Hersteller zu ausgedehnten weiteren Test- und Demonstrationsflügen, um bei der Indienststellung ein so weit wie möglich ausgereiftes Produkt vorweisen zu können.

Die Probleme bei der Fertigung hatten zwar praktisch keine Auswirkungen auf die Dauer der Flugerprobung, dafür aber durchaus auf die Verteilung der den einzelnen Flugzeugen zugedachten Aufgaben. Die beiden ersten A380 mit den Seriennummern MSN001 und MSN004, für die ursprünglich jeweils rund 600 Flugstunden vorgesehen waren, trugen schließlich mit 1.230 beziehungsweise 846 Stunden bis zur Zulassung die Hauptlast der Flugerprobung. Sie kamen vor allem für Ermittlung und Nachweis der Flugeigenschaften sowie Leistungsparameter zum Einsatz und wurden dafür in Toulouse mit Mess- und Überwachungsgerätschaften mit einem Gewicht von ungefähr 20 Tonnen sowie 335 Kilometern Kabel ausgestattet. Eingebaut waren neben vier Arbeitsplätzen (je zwei auf dem Haupt- und Oberdeck) für Flugtestingenieure beispielsweise 225 Ballasttanks, die nach Bedarf mit Wasser/Glykol gefüllt werden konnten, um unterschiedliche Fluggewichte oder Schwerpunktlagen zu realisieren.

Die Besatzung dieser beiden Flugzeuge bestand in der Regel aus fünf oder sechs Personen. Neben den beiden Piloten ein so genannter Testflugingenieur im Cockpit, der die Flugzeugkonfiguration während der Testphasen überwachte und die Piloten bei der Handhabung der Maschine unterstützte, sowie zwei oder drei Flugtestingenieure an den Überwachungspulten in der Kabine, die für die Flugvorbereitung sowie die Versuchsleitung an Bord verantwortlich waren.

In der ersten Phase des Flugversuchsprogramms, die etwa zwei Monate in Anspruch nahm, wurden mit MSN001 die „Grundcharakteristika" – Aerodynamik, Bodeneffekt (lässt sich im Simulator nur sehr ungenau vorhersagen), Flugeigenschaften, Systeme, Triebwerke, Autopilot etc. – überprüft; die Piloten lernten das neue Flugzeug so kennen, wie es wirklich ist, und nicht so, wie es die Computer- und Windkanaldaten vorhergesagt hatten. Wobei sich die Abweichungen zwischen (rechnerischer) Theorie und (fliegerischer) Praxis sehr in Grenzen hielten, wie Manfred Birnfeld bestätigt, der als Flugtestingenieur beim Erstflug dabei war und einer von rund 20 Piloten und Ingenieuren ist, die in der ersten Phase des

Manfred Birnfeld an seinem Arbeitsplatz, an dem er allerdings gewöhnlich – anders als hier während der Luftfahrtausstellung in Paris – auf Anzug und Krawatte verzichtet. Der 1954 geborene deutsche Triebwerksspezialist ist einer der erfahrensten Airbus-Testingenieure; der Jungfernflug der A380 am 27. April 2005 war bereits sein vierter Erstflug.

Nein, in den Fässern ist weder Bier noch Wein, wie vielleicht der eine oder andere argwöhnen mag. Stattdessen enthalten die Container, die sowohl auf dem Oberdeck (Foto) als auch auf dem Hauptdeck zu finden sind, ein Gemisch aus Wasser und Glykol. Sie dienen einerseits der Simulation unterschiedlicher Beladungszustände, andererseits kann durch Umpumpen die Schwerpunktlage des Flugzeugs verändert werden, sodass auf einem einzigen Flug beispielsweise die Stall-Grenze, bei der die Strömung an den Tragflächen abreißt, bei unterschiedlichen Schwerpunkten erflogen werden kann.

Flugerprobungsprogramms mit MSN001 geflogen sind. Primäres Ziel dieser ersten Tests war es, den gesamten Betriebsbereich (minimale und maximale Geschwindigkeiten, Flughöhe, Anstellwinkel) freizugeben, die so genannte „envelope clearance". Deshalb wurde bereits in dieser frühen Phase der gesamte Betriebsbereich „erflogen", das heißt, die Besatzungen bewegten das Flugzeug im kompletten Geschwindigkeitsbereich von der Stall-Grenze, bei der ein Strömungsabriss auftritt, bis zur maximalen Machzahl; und das in allen möglichen Klappenstellungen und Schwerpunktlagen. Auch die für den Liniendienst vorgesehene maximale Flughöhe von 43.000 Fuß (13.100 Meter) wurde schon erreicht. Die daraus gewonnenen Erfahrungen wurden anschließend genutzt, um die Flugsteuerungsgesetze zu optimieren. Zudem wurden Flattertests durchgeführt, bei denen das Dämpfungsverhalten von durch die Umströmung und die elastische Verformung des Flugzeugs erzeugten Eigenschwingungen im gesamten Flugbereich untersucht wurde.

Auch wenn das erste Flugzeug nicht in erster Linie für Leistungsversuche vorgesehen war, wurde es dennoch für einen der spektakulärsten Punkte eines jeden Zulassungsprogramms genutzt: der Ermittlung der so genannten „Minimum Unstick Speed" oder V_{MU}, der geringstmöglichen Abhebegeschwindigkeit bei maximalem Anstellwinkel. Dieser Test, bei dem regelmäßig Funken sprühen, weil das – mit einem Abriebschutz versehene – Heck des Flugzeugs dabei über die Landebahn schleift, wurde im Juli 2005 auf dem Militärflugplatz von Istres durchgeführt. Der war darüber hinaus im Oktober desselben Jahres Schauplatz der Spritzwassertests, bei denen MSN001 mehrfach über einen unter Wasser stehenden Abschnitt der Landebahn rollen musste, um den Nachweis zu erbringen, dass Flugzeug und vor allem Triebwerke keinerlei Beeinträchtigung durch aufspritzendes Wasser erfuhren.

Ein weiterer Test führte die erste A380 am 4. März 2007 abermals auf den südfranzösischen Platz. Die Hochenergiebremsversuche, bei denen das Flugzeug bei Startgeschwindigkeit und maximalem Abfluggewicht ohne Einsatz der Schubumkehr zum Stehen gebracht wird, lieferten zwar dramatische Bilder von rotglühenden Bremsen und platten Reifen, doch gerade damit genau die gewünschten Ergebnisse. Denn spezielle Sicherheitsventile sorgten dafür, dass die Luft entweichen konnte, bevor die Reifen aufgrund der großen Hitze geplatzt wären.

Mehr Abstand, bitte!

Wirbelschleppen (auf Englisch „wake vortex") werden die an den Flügelspitzen entstehenden Randwirbel genannt, die jedes Flugzeug – in unterschiedlicher Stärke, normalerweise abhängig von Gewicht und Anstellwinkel – hervorruft. Nachfolgenden Luftfahrzeugen können diese Turbulenzen durchaus gefährlich werden. Deshalb müssen – abhängig davon, in welche der drei Kategorien „light", „medium" und „heavy" die beiden Flugzeuge eingestuft sind – bei Reiseflug, Start und Landung festgeschriebene räumliche beziehungsweise zeitliche Abstände eingehalten werden.

DIE ERPROBUNG

Die Ermittlung der minimalen Abhebegeschwindigkeit (V MU) ist eigentlich immer für spektakuläre Bilder gut, weil das mit einem Abriebschutz versehene Heck des Flugzeugs dabei über die Piste schleift. So war es auch bei den entsprechenden Tests, für die die erste A380 mit der Seriennummer MSN001 im Juli 2005 ins südfranzösische Istres kam.

Zwischen Mai und Oktober 2005 wurden mehrere Messflüge mit MSN001 durchgeführt, um die Stärke der von der A380 erzeugten Wirbelschleppen zu ermitteln. Die gemessenen Werte lagen laut Airbus nur geringfügig über denen der Boeing 747, weshalb die sich anschließende vorläufige Empfehlung der ICAO für den europäischen Hersteller überraschend und enttäuschend zugleich war: Während des Anflugs sollten beispielsweise einer A380 folgende Flugzeuge unabhängig von ihrer Größe einen Mindestabstand von zehn Seemeilen (ca. 18,5 km) einhalten. Im Gegensatz dazu betragen die entsprechenden Vorgaben für ein „heavy"- oder „light"-Luftfahrzeug hinter einer Boeing 747 nur vier beziehungsweise sechs Seemeilen. Für den Reiseflug sah die ICAO gar eine Distanz von wenigstens 15 Seemeilen vor – dies ist das Dreifache des Abstandes, den ein einer 747 folgendes Kleinflugzeug einzuhalten hat.

Das konnte Airbus überhaupt nicht gefallen, drohte doch der Vorteil, den die höhere Passagierkapazität der A380 für Fluggesellschaften und Flughäfen mit sich brachte, durch die größere Staffelung wieder zunichte gemacht zu werden. Deswegen führte man in der Folgezeit aufwendige, in diesem Umfang niemals zuvor realisierte Untersuchungen unter anderem in Istres und Oberpfaffenhofen durch, bei denen eine A318, eine A340-600, eine 747-400 der Lufthansa und eine 777-300 der Air France zu Vergleichszwecken herangezogen wurden. Im Oktober 2006 korrigierte die ICAO ihre Empfehlung, die nun für den Reiseflug Abstände wie bei anderen „heavy"-Flugzeugen auch vorsahen. Für den Anflug galten jetzt Distanzen, die um zwei („heavy"), drei („medium") beziehungsweise vier („light") Seemeilen über den für eine 747 gültigen Abständen lagen. Inzwischen wurden diese Werte auf jeweils zwei zusätzliche Seemeilen im Vergleich zum Jumbo Jet vereinheitlicht. Im Reiseflug wird die A380 gar wie jedes andere Flugzeug auch behandelt.

Hoch, heiß und kalt

Von allen Versuchsflugzeugen hatte jenes mit der Seriennummer MSN004 zweifellos am meisten auszuhalten, auch wenn es zunächst einmal fast wie ein rohes Ei behandelt wurde. Aus gutem Grund, denn die zweite A380 war für die Ermittlung des exakten Triebwerksschubs und des Treibstoffverbrauchs vorgesehen, was voraussetzte, dass die entsprechenden Tests mit möglichst wenig abgenutzten und im Vorfeld exakt kalibrierten Triebwerken – gelegentlich als „golden engines" bezeichnet – geflogen wurden.

Erst im Anschluss daran ging es richtig zur Sache. Zu den Pflichten von MSN004 gehörten unter anderem die „Hot & High"-Tests, Flüge von und zu hoch gelegenen und heißen Plätzen. Zur ersten Kategorie zählte beispielsweise der Flughafen von Medellin in Kolumbien (7.000 Fuß oder 2.130 Meter über dem Meeresspiegel), den die A380 im Januar 2006 ansteuerte. Ins Schwitzen kam das größte Verkehrsflugzeug der Welt dagegen im Februar und Juli desselben Jahres in Singapur beziehungsweise den Vereinigten Arabischen Emiraten, wo es bis zu 46 Grad Celsius heiß war. Doch nicht nur Hitze hatte MSN004 auszuhalten; sie wurde auch dem genauen Gegenteil ausgesetzt. Für die Kältetests verbrachte sie im Februar 2006 vier Tage im kanadischen Iqaluit, wo die Temperaturen auf bis zu minus 29 Grad Celsius fielen. Dort musste der Nachweis erbracht werden, dass sich das über Nacht bei derart widrigen Bedingungen abgestellte Flugzeug am nächsten Morgen problemlos und ohne äußere Hilfsmittel wieder starten ließ.

Die ersten beiden A380 mit den Seriennummern MSN001 und MSN004 verfügen über eine umfangreiche Instrumentierung mit einem Gewicht von etwa 20 Tonnen. Ungefähr 150.000 verschiedene Parameter können aufgezeichnet werden, davon rund 35.000 gleichzeitig. Zudem ist es möglich, Messwerte über die Telemetrieanlage in Echtzeit an die Spezialisten am Boden zu übermitteln.

Nicht ganz so kalt, dafür deutlich windiger war es im November 2006 im isländischen Keflavik. Der dortige Flughafen wird ob der dort herrschenden extremen Bedingungen gerne für Seitenwindversuche genutzt, und er enttäuschte den europäischen Hersteller nicht. Windgeschwindigkeiten von mehr als 74 km/h (in Böen sogar bis zu 104 km/h) lagen deutlich über den von den Zulassungsbehörden mindestens geforderten 42 Stundenkilometern, stellten für den Riesen-Airbus aber kein Problem dar.

Langstreckenflüge am Boden und in der Luft

Anders als die beiden ersten A380 wurden die zwei folgenden Flugzeuge MSN002 und MSN007 unmittelbar nach ihren Jungfernflügen nach Hamburg überführt, um dort eine mehr oder weniger komplette Kabinenausstattung zu erhalten. Ursprünglich war für MSN002 eine Drei-Klassen-Bestuhlung für 510 bis 520 Fluggäste vorgesehen. Statt dessen wurden es schließlich 24 Sitze in der First, 24 in der Business sowie 426 in der Economy Class, dazu kamen 19 Toiletten und 16 Bordküchen. Seine erste Bewährungsprobe musste das Flugzeug am 10. Mai 2006 bestehen, als 474 „Passagiere" (allesamt Airbus-Mitarbeiter) und 20 Besatzungsmitglieder zu einem fünfstündigen Langstreckenflug aufbrachen – allerdings ohne dabei Hamburger Boden zu verlassen. Bei dieser virtuellen Luftreise ging es darum, die diversen Kabinensysteme, beispielsweise Beleuchtung, Klimaanlage, Toiletten oder Bordunterhaltung, auf ihre grundsätzliche Tauglichkeit zu überprüfen. Richtig ernst wurde es dann am 4. September 2006, als der erste von vier so genannten „Early Long Flights" (ELF) in Toulouse startete. Auf diesen bis zu 15 Stunden dauernden Flügen waren wiederum ausschließlich Airbus-Mitarbeiter und Experten von diversen Zulieferern an Bord.

Während die Early Long Flights mehr oder weniger eine freiwillige Maßnahme des Herstellers waren, gehört die technische Streckenerprobung (das so genannte „Route Proving") zum Zulassungsprogramm. Eigentlich war für diese Aufgabe, die gemeinsam mit den Kunden Singapore Airlines und Lufthansa absolviert werden sollte, das Flugzeug mit der Seriennummer MSN007 vorgesehen. Doch auf dessen Komplettierung zu warten, hätte bedeutet, den ohnehin schon auf Ende 2006 verschobenen Zulassungstermin zu gefährden, so dass abermals MSN002 zum Zuge kam. Zweck dieser Tests ist es nachzuweisen, dass das Flugzeug entsprechend den normalen Prozeduren eines Airline-Linienbetriebs eingesetzt werden kann. Deshalb wurden auf den zehn zwischen dem 18. und 30. November angeflogenen Flughäfen – darunter Beijing, Düsseldorf, Hongkong, Seoul und Vancouver – typische Abfertigungsvorgänge durchgeführt, beispielsweise das Andocken an Fluggastbrücken, Reinigung und Catering, aber auch kleinere Wartungsarbeiten. Die A380, die auf den vier Reiseabschnitten sowohl von Airbus- als auch von EASA- und FAA-Piloten geflogen wurde, umrundete dabei mehrfach die Erde und legte während 152 Flugstunden 127.788 Kilometer zurück.

Bei der kommerziellen Streckenerprobung, die erst nach der Zulassung anstand und die Airbus gemeinsam mit Lufthansa im März 2007 durchführte, kam die mit 519 Sitzen bestuhlte MSN007 dann doch noch zum Zuge. Die Flüge, bei denen neben Testpiloten des europäischen Herstellers auch Flugzeugführer der Lufthansa im Cockpit saßen und die Kabinenbesatzungen ebenfalls von der deutschen Fluggesellschaft gestellt wurden, führten die A380 unter anderem nach New York, Chicago und Washington sowie nach Hongkong.

Auch in der Folge wurde MSN007 immer wieder für Langstreckentest- und Demonstrationsflüge in alle Welt eingesetzt, aber seinen vermutlich wichtigsten Einsatz hatte das Flugzeug

DIE ERPROBUNG

Fünf Erstflüge

Die fünf für das Erprobungs- und Zulassungsprogramm genutzten A380 starteten an den folgenden Terminen zu ihrem jeweils ersten Flug:

MSN001 (Trent 900)	27.04.2005
MSN004 (Trent 900)	18.10.2005
MSN002 (Trent 900)	03.11.2005
MSN007 (Trent 900)	19.02.2006
MSN009 (GP7200)	25.08.2006

bereits am 26. März 2006. An diesem Tag nämlich stand der Evakuierungsversuch in Hamburg-Finkenwerder an. Die Kabine der A380 war dafür mit der größtmöglichen Zahl von 853 Sitzplätzen ausgestattet worden, die allesamt mit Freiwilligen besetzt waren; außerdem waren zwei Piloten und 18 von Lufthansa gestellte Kabinenbesatzungsmitglieder an Bord. Die Vorschriften sehen vor, dass alle Personen ein havariertes Flugzeug über die Hälfte der theoretisch zur Verfügung stehenden Notausgänge innerhalb von nur 90 Sekunden verlassen müssen. Der Test wurde in völliger Dunkelheit durchgeführt, die Testpersonen wussten zudem nicht, welche acht Notausstiege zur Verfügung stehen würden. Das schwierige Unterfangen, dessen Gelingen im Vorfeld vielfach bezweifelt worden war, verlief zur großen Erleichterung aller Beteiligten nahezu reibungslos. Nach nur 78 Sekunden war das Flugzeug vollständig evakuiert, und mit einem Beinbruch sowie einigen wenigen leichteren Verletzungen kamen auch die „Passagiere" bei diesem durchaus nicht harmlosen Unterfangen weitgehend ungeschoren davon. Das Ergebnis des Versuchs war jedenfalls so überzeugend, dass EASA und FAA bereits drei Tage später die maximale Sitzplatzkapazität auch offiziell bestätigten.

Zulassung, Teil 2

Noch bevor die europäische Luftfahrtbehörde der A380 mit Trent-900-Triebwerken die Zulassung erteilt hatte, begann am 25. August 2006 mit dem vier Stunden und zehn Minuten dauernden Jungfernflug des Flugzeugs mit der Seriennummer MSN009 in Toulouse der zweite große Teil des Erprobungsprogramms. Ausgerüstet mit dem Alternativtriebwerk GP7200 der Engine Alliance (General Electric und Pratt & Whitney), einer teilweise eingerichteten Kabine sowie Ballasttanks und Flugtestinstrumentierung, war MSN009 bis zur zeitgleichen Zulassung durch EASA und FAA am 14. Dezember 2007 fast 800 Stunden in der Luft. Die deutlich niedrigere Flugstundenzahl erklärt sich damit, dass die meisten Flugzeugsysteme unabhängig vom Triebwerk mit den ersten vier Flugzeugen bereits getestet worden waren. Erneut überprüft wurden daher im Wesentlichen nur die Systeme an der Schnittstelle zwischen Triebwerk und Flugzeug, zum Beispiel jene für Treibstoff und Hydraulik, ferner Cockpitinstrumente, Autopilot und dergleichen. Wiederholt werden mussten aber beispielsweise auch die Messungen von Schub und Treibstoffverbrauch, die Ermittlung der minimalen Abhebegeschwindigkeit (V_{MU}), da diese Werte stark von den Triebwerken abhängig sind, sowie die „Hot and High"-Flüge. Letztere beispielsweise fanden im Oktober 2006 in Al Ain in den Vereinigten Arabischen Emiraten beziehungsweise im äthiopische Addis Abeba (auf stolzen 7.500 Fuß oder knapp 2.300 m Höhe gelegen) statt. Auch die Streckenerprobung („Route Proving") musste erneut durchgeführt werden. In deren Rahmen besuchte MSN009 zwischen dem 26. September und dem 19. Oktober 2007 unter anderem Bogota in Kolumbien, San Francisco, Dubai und Osaka.

Bis zum Bruch

Das Test- und Zulassungsprogramm besteht beileibe nicht nur aus der Flugerprobung, auch wenn sie naturgemäß die meiste

Die ersten Linienpassagiere als „Versuchskaninchen" für die Tauglichkeit der Kabinensysteme einzusetzen, kann sich kein Hersteller und keine Fluggesellschaft leisten. Deshalb ist vor der Zulassung eine Streckenerprobung, das so genannte „route proving", vorgeschrieben. Airbus stellte dabei das Flugzeug und einen Großteil der „Fluggäste", Lufthansa das Kabinenpersonal.

Aufmerksamkeit auf sich zieht. Parallel dazu werden in der Regel zwei umfangreiche Strukturtests durchgeführt, um den Nachweis zu führen, dass das Flugzeug einerseits einer auftretenden Spitzenbelastung während des Fluges – beispielsweise durch eine plötzliche Böe oder extrem heftige Turbulenzen –, andererseits der Dauerbelastung eines ganzen „Flugzeuglebens" gewachsen ist. Bei Airbus wird der Statiktest traditionell in Frankreich durchgeführt, während für die Ermüdungsversuche die deutsche Seite verantwortlich zeichnet.

Damit die bei diesen Versuchen gewonnenen Ergebnisse repräsentativ waren für die spätere Serienproduktion, entsprachen die getesteten „Flugzeuge" in Bezug auf Abmessungen, Materialien, Technologien und Herstellungsprozess so weit wie möglich einer Standard-A380. Für die statischen Tests wurde sogar das erste überhaupt produzierte Exemplar des neuen Super-Jumbos genutzt – allerdings in einem nichtflugfähigen Zustand. Diese A380 mit der „Seriennummer" MSN5000 oder auch ES-Test („ES" steht für „essai statique" – Statiktest; die echten Seriennummern ab MSN001 wurden nur den fliegenden Exemplaren zugeteilt) besaß die komplette primäre Rumpfstruktur mit Ausnahme des Radoms (die „Nasenspitze"), der Verkleidung des Rumpf-Flügel-Übergangs und der Fahrwerksklappen. Nicht im Original vorhanden waren zudem Seiten- und Höhenleitwerk, das abschließende Rumpfsegment am Heck, Triebwerke und Triebwerksaufhängung sowie die Fahrwerke. Sie wurden durch Ersatzstrukturen (so genannte „Dummys") ersetzt, die auch zur Einbringung von Lasten in die Teststruktur genutzt wurden. Das galt ebenso für Vorflügel und Landeklappen, die nur für die Funktionstests – zum Nachweis ihrer Beweglichkeit auch bei durchgebogenem Flügel – und dann auch nur auf einer Seite installiert wurden.

Für den Statiktest setzte der europäische Hersteller auf einen bewährten Partner: das Centre d'Essais Aéronautique de Toulouse (CEAT). Doch während das Unternehmen die Erprobung bei vorangegangenen Airbus-Programmen in eigenen Räumlichkeiten durchgeführt hatte, wurde die A380-Testzelle aus Platzgründen in einer von Airbus eigens errichteten, 10.000 Quadratmeter großen Halle auf dem neuen Aeroconstellation-Gelände am Flughafen Toulouse untergebracht. Dort allerdings war sie auf den ersten Blick fast nicht zu erkennen, denn die sie umgebende riesige Vorrichtung, die sowohl zur Fixierung der Testzelle als auch zur Einleitung der Lasten über mehr als 300 Hydraulikzylinder und an rund 2.800 Belastungspunkten diente, versperrte weitgehend die Sicht. 1.000 Tonnen wog allein dieses Gerüst; mit etlichen Tonnen Stahl wurde der Hallenboden verstärkt.

Mit den statischen Belastungstests, die am 4. November 2004 aufgenommen wurden, verfolgte Airbus eine Reihe von Zielen: Zum einen dienten sie der Verifizierung der Computerberechnungen, das heißt, es wurde überprüft, inwieweit das am Computer erstellte Finite-Elemente-Modell der A380 in Bezug auf auftretende Spannungen und Verformungen der Realität entsprach. Zum anderen wurde im Rahmen dieser Tests nachgewiesen, dass die Auftriebshilfen (Klappen, Vorflügel) auch bei durchgebogenen Tragflächen noch funktionieren. Weiterhin musste die A380 beweisen, dass sie einerseits die so genannte „sichere Last" („limit load", die größte während des Flugzeuglebens erwartete Belastung, etwa 2,5 g) ohne bleibende Verformungen erträgt, andererseits dieser Belastung auch dann standhält, wenn die Struktur durch vorsätzlich eingebrachte Beschädigungen geschwächt wird, und schließlich auch bei der „theoretischen Bruchlast" („ultimate load", entspricht dem Anderthalbfachen der sicheren Last) noch nicht versagt.

Darüber hinaus wurde diese ganz spezielle A380 auch für vergleichsweise profane Aufgaben wie die Kalibrierung der für die Flugerprobung benötigten Messinstrumente und den „1g wing bending test", bei dem die Bewegungsfreiheit von Klappen und Vorflügeln bei normaler (Reiseflug-)Belastung untersucht wurde, genutzt. Ebenfalls noch vor dem Erstflug wurde am 3. Februar 2005 die maximale Flügelverformung bei sicherer Last ermittelt; um etwa fünf Meter bogen sich die Flügelspitzen bei diesem Test nach oben.

Bis zur Zulassung wurde die A380-Teststruktur anschließend noch auf verschiedenste Art und Weise malträtiert. Getestet wurden neben der Flügeldurchbiegung beispielsweise die Rumpfdurchbiegung mit und ohne Kabinendruck, wobei die Differenz zwischen Kabinen- und Außendruck maximal doppelt so groß war wie später im normalen Reiseflug. Die bei diesen Versuchen auftretenden Spannungen und Verformungen wurden im Übrigen an etwa 8.000 Punkten der Zelle gemessen.

Bis fast zum Schluss lief alles weitgehend wie geplant. Doch als die Beanspruchung des Flügels am 14. Februar 2006 im letzten Schritt vom 1,45-fachen der sicheren Last auf das 1,5-fache (also die theoretische Bruchlast) hochgefahren werden sollte, brachen die Tragflächen kurz vor Erreichen des Zielwerts auf beiden Seiten jeweils zwischen den Triebwerken. Dieses Versagen der Struktur, dem Airbus vergleichsweise problemlos durch entsprechende lokale Verstärkungen zu begegnen vermochte, war für den Hersteller naturgemäß nicht erfreulich. Auf der anderen Seite verdeutlichte es aber auch, wie genau inzwischen bereits am Computer die zu erwartenden Belastungen simuliert werden können. Selbstverständlich muss der Flügel die von den Zulassungsbehörden geforderten 150 Prozent der sicheren Last aushalten, andererseits soll er aber auch nicht erst bei 160 Prozent oder noch mehr versagen, denn das würde bedeuten, dass die Struktur überdimensioniert ist, dass also unnötig Material „mitgeschleppt" wird. Die Gewichtsfrage spielte bei Konzeption und Entwicklung des Airbus A380 von Anfang an eine große Rolle, und die Konstrukteure waren entsprechend bestrebt, die geforderte

Verheddert

Mehr als 500 Kilometer Kabel sind zu verlegen in einer A380 – da kann man sich schon mal vertun. Allerdings waren die Schwierigkeiten mit der Verkabelung, die gemeinhin als verantwortlich für die Verzögerung des A380-Programms genannt wurden, allenfalls Symptome, aber keinesfalls die (alleinige) Ursache.
Eine gewichtige Rolle bei den Problemen, die schließlich dazu führten, dass der Auslieferungstermin der ersten A380 insgesamt dreimal (im Sommer 2005 sowie im Sommer und Herbst 2006) verschoben werden musste, spielte die Struktur des Unternehmens. Anders als nach Gründung der EADS im Jahr 2000 und der 2001 erfolgten Umwandlung von Airbus in eine eigenständige Gesellschaft erhofft, war der europäische Flugzeughersteller weiterhin weit davon entfernt, ein integrierter Konzern zu sein. Es wurde noch viel zu sehr in den alten nationalen Organisationen gedacht, während gerade ein derart komplexes Unterfangen wie Entwicklung und Bau der A380 länderübergreifendes Arbeiten zwingend erfordert hätte. Kein Flugzeug ist zu dem Zeitpunkt, an dem mit dem Bau der ersten Exemplare begonnen wird, komplett fertig entwickelt. Die Strukturen eines Herstellers müssen daher flexibel genug sein, um auf Veränderungen umgehend reagieren zu können. Wird beispielsweise an einer Stelle eines Flugzeugsegments ein Kabelstrang nur geringfügig anders positioniert, hat dies unweigerlich Auswirkungen auf andere Komponenten – und das keineswegs notwendigerweise ausschließlich im jeweiligen nationalen Programmanteil. Bei einer einheitlichen 3D-CAD-Entwicklungsumgebung an allen Standorten wären solche Veränderungen unmittelbar für alle Beteiligten sichtbar gewesen, und viele Probleme hätten sich vermeiden lassen, aber die gab es (noch) nicht. Entsprechend kamen in der Endmontage in Toulouse unvollständig ausgerüstete Sektionen an, die in der Folgezeit komplett neu verkabelt werden mussten. Erst die A380 ab der Seriennummer MSN026 verfügen von vornherein über die mit Hilfe eines unternehmensweit einheitlichen 3D-CAD-System entwickelte Verkabelung.

DIE ERPROBUNG

Zugegeben, es gibt angenehmere Orte auf der Erde als das kanadische Iqaluit, aber die Airbus-Tester möchten die klimatischen Bedingungen in der Hauptstadt des Territoriums Nunavut im Norden des Landes nicht missen. Fünf Tage verbrachte MSN004 Anfang Februar 2006 auf dem dortigen Flughafen, um die Auswirkungen extremer Minusgrade auf die Systeme des Flugzeugs zu testen. Nach einer Nacht in der Kälte sprangen die Triebwerke und alle elektrischen und hydraulischen Systeme klaglos wieder an.

Sicherheit mit möglichst geringem Materialaufwand zu garantieren.

Ein Langstreckenflug in 40 Minuten

Neben der Frage, ob die Struktur maximal denkbaren Spitzenbelastungen gewachsen ist, gilt es zu klären, wie das Flugzeug die Dauerbelastung durch Starts, Landungen, Turbulenzen und den ständig wechselnden Unterschied zwischen Kabinen- und Außendruck verkraftet. Für diese so genannten Ermüdungstests ist traditionsgemäß die 1961 gegründete Industrieanlagen-Betriebsgesellschaft mbH (IABG) mit Sitz in Ottobrunn bei München verantwortlich. Bereits 1973 wurden dort im Rahmen des A300-Programms erste Großversuche für Airbus durchgeführt. Die A380-Ermüdungstests finden ebenso wie schon die der A340-600 allerdings nicht in Ottobrunn, sondern in Dresden statt, wo die IABG gemeinsam mit dem Unterauftragnehmer IMA Materialforschung und Anwendungstechnik GmbH speziell für die A380 eine 5.200 Quadratmeter große Halle errichtet hat.

Auch für die Ermüdungsversuche wird eine ganz normale, der Produktion entnommene Primärstruktur („Seriennummer" MSN5001 oder EF für „essai fatigue") verwendet, die allerdings, weil etwas später gefertigt als MSN5000, in ihrem Aufbau noch näher an den ersten Kundenflugzeugen ist. Anders als bei der Teststruktur für die Statikversuche ist in diesem Fall die Verkleidung am Rumpf-Flügel-Übergang installiert. Und es gibt noch eine weitere Besonderheit: Während die für die Statiktests genutzte A380 auf dem eigenen, wenngleich nur kurzzeitig für diesen Zweck von MSN001 entliehenen Fahr-

werk in die Testhalle rollen konnte, wurde die Dresdener A380 erst vor Ort zusammengebaut. Denn ein komplettes, aber nicht flugfähiges Exemplar des Airbus-Riesen von Südfrankreich nach Dresden zu transportieren, hätte den Hersteller vor noch größere logistische Herausforderungen gestellt, als die einzelnen Rumpf- und Flügelsegmente separat in der Elbmetropole anzuliefern.

Am 11. September 2004 wurde die erste von drei Rumpftonnen auf Reisen geschickt, bereits am 3. Oktober war die logistische Meisterleistung mit der Ankunft des zweiten Flügels an der IABG/IMA-Halle auf dem Dresdener Flughafen abgeschlossen.

In den folgenden Wochen wurde die A380-Endmontage praktisch an die Elbe verlegt, während in Toulouse die Arbeiten weitgehend ruhten. Denn etwa 120 Airbus-Mitarbeiter, die normalerweise in der Jean-Luc-Lagardère-Halle in Toulouse mit dem Zusammenbau der für die Flugerprobung vorgesehenen A380 beschäftigt waren, montierten nun in Dresden die Teststruktur für die Ermüdungstests.

Ende Dezember 2004 war die Montage der Testzelle abgeschlossen, gerade einmal vier Monate später – am 2. Mai 2005 – konnte die Versuchsanlage in Betrieb genommen werden. Deren Ausstattung unterscheidet sich erheblich von der für die statischen Tests in Toulouse, schließlich ist die Aufgabenstellung eine ganz andere. In Dresden wird ein komplettes Flugzeugleben durchgespielt, das heißt, sämtliche im Betrieb auftretenden Belastungen durch das Rollen am Boden, durch Flugmanöver oder Böeneinflüsse sowie durch den Kabineninnendruck müssen simuliert werden. 182 Hydraulikzylinder sor-

Auch wenn für die zweite Kombination von Flugzeug und Triebwerk nicht das komplette Erprobungsprogramm wiederholt werden musste, kam das mit GP7200-Antrieben ausgerüstete A380-Testexemplar um einige Härtetests nicht herum. Für Starts und Landungen bei hohen Temperaturen flog der Jet mit dem Kennzeichen F-WWEA und der Seriennummer MSN009 im Oktober 2006 nach Al Ain in den Vereinigten Arabischen Emiraten.

gen dafür, dass die entsprechenden Lasten in die Struktur eingeleitet werden können, und 7.200 Sonden messen Dehnungen, Verformungen, Drücke und Temperaturen. Die Belastungen werden etwa zehn Prozent höher angesetzt als im realen Flugzeugleben zu erwarten, um Reserven für eine Gewichtserhöhung oder Lebensdauerverlängerung zu schaffen.

Einen solchen auf 47.500 „Flüge" angesetzten Ermüdungstest kann man begreiflicherweise nicht in Echtzeit ablaufen lassen, denn ein Langstreckenflug dauert nun einmal zehn oder mehr Stunden, und es lässt sich leicht ausrechnen, wie viel Zeit eine 1:1-Simulation in Anspruch nehmen würde.

Aus diesem Grund wird jeder Flug sozusagen auf das Wesentliche komprimiert. Man „befragt die Statistiken", so Thomas Nielsen, der Leiter des Testteams, entwickelt daraus ein Lastspektrum und „schneidet alles raus, was nicht ermüdungskritisch ist, fasst quasi die Spitzen zusammen". Im Endeffekt kommen so je nach Flugprofil – Kurz-, Mittel- oder Langstreckenflug – Testzyklen von vier bis 40 Minuten Dauer zustande, die aber trotzdem alle Phasen eines echten Fluges – Rollen, Start, Steig-, Reise- und Sinkflug, Landung, Rollen – beinhalten. Etwa 900 simulierte Flüge lassen sich auf diese Weise innerhalb einer Woche durchführen, das komplette Flugzeugleben von 20 oder 25 Jahren wird nach Plan in nur 26 Monaten abgewickelt. Inklusive aller Inspektionen, denn ebenso wie ein echtes Flugzeug in regelmäßigen Intervallen Überprüfungen über sich ergehen lassen muss (A-, B-, C- oder D-Checks), wird auch die Testreihe in Dresden sowohl während des Betriebes durch Sichtinspektionen begleitet als auch in festgelegten Zeitabständen (etwa alle 3.700 Flüge) unterbrochen, um die Struktur eingehend auf etwaige Schäden zu untersuchen.

Die Aufnahme der Ermüdungsversuche im September 2005 sollte sicherstellen, dass rechtzeitig zur Zulassung und damit vor der Auslieferung der ersten A380 an Singapore Airlines die bis dahin vorgesehenen 5.000 „Flüge" absolviert worden waren. Tatsächlich wurde bereits im Frühjahr 2006, etwa zeitgleich mit dem ersten „virtuellen" Flug mit Passagieren an Bord, die Marke von 10.000 Flugzyklen erreicht. Im Februar 2008 war man bereits bei 30.000 simulierten Flügen angekommen, so dass die Versuchsreihe voraussichtlich bis Ende 2010 abgeschlossen werden kann.

Kein erneuter Bruchtest

Auch wenn die beiden für die Strukturtests verwendeten A380 niemals den Boden verlassen und deshalb deutlich weniger als ihre fliegenden „Kollegen" im Licht der neugierigen Öffentlichkeit stehen werden, sind sie doch mindestens ebenso wichtig für den Erfolg des größten Verkehrsflugzeugs der Welt. Ohne die mit ihnen geführten Nachweise der strukturellen Festigkeit würde keine Luftfahrtbehörde der Welt eine Zulassung erteilen.

Apropos Zulassung: Während das behördliche Okay für den geplanten – wenngleich erst einmal auf Eis gelegten – A380-Frachter und die vergrößerte A380-900 ein erneutes Flugtestprogramm erfordert, allerdings in stark abgespeckter Form, sind Statik- und Ermüdungstests für die weiteren Varianten des Airbus-Jumbos nicht vorgesehen. Das komplette Strukturtestprogramm findet im Allgemeinen nur für die Basisversion Anwendung, für spätere Weiterentwicklungen reichen dann Tests auf Komponentenebene aus, wobei im Falle der A380-800F aufgrund der großen Frachttore unter Umständen auch ein ganzes Rumpfsegment getestet werden muss.

Das Cockpit

Fliegen am Computer

DAS COCKPIT

ECAM

ECAM ist eine der unzähligen Abkürzungen, mit denen man zwangsläufig leben muss, wenn man sich mit dem Cockpit beschäftigt. Sie steht für Electronic Centralized Aircraft Monitor(ing), also die zentrale Überwachung der Systeme an Bord. Diese Informationen werden entweder permanent (Triebwerksschub) oder je nach Auswahl durch die Besatzung im unteren Teil des Primary Flight Displays (Flugzeugkonfiguration), im Engine/Warning Display sowie im oberen Bereich des System Displays angezeigt. Bedient wird ECAM über eine von beiden Piloten zu erreichende Steuereinheit in der Mittelkonsole. Der untere Teil des Engine/Warning Displays dient der Darstellung von Fehlermeldungen beziehungsweise von Checklisten für normale Verfahren oder Notfälle. Auch Checklisten für Probleme, die vom System nicht automatisch erkannt werden können, beispielsweise ein Riss in einer Cockpitscheibe, lassen sich manuell in elektronischer Form abrufen.

Das Cockpit ist ohne Zweifel einer der Gründe für den Erfolg der Airbus-Flugzeuge. Der Umstand, dass ein Pilot ohne größere Umschulung von einem Muster auf das andere wechseln kann, und das sogar von der zweistrahligen, gerade einmal 59 Tonnen wiegenden A318 zur sechsmal so schweren A340-600 mit vier Triebwerken, hat so manche Verkaufskampagne zugunsten der Europäer entschieden. Möglich machen dies eine weitgehend einheitliche Cockpitgestaltung und vor allem die elektronische Flugsteuerung (Fly by Wire), mit deren Hilfe die Flugeigenschaften so weit angeglichen werden können, dass sich die unterschiedlichen Flugzeugtypen für die Piloten nahezu gleich „anfühlen". Dies bedeutet, dass vergleichbare Steuerbefehle an Sidestick oder Seitenruderpedalen zu vergleichbaren Reaktionen des Flugzeugs führen – einmal abgesehen davon, dass die größeren Airbusse etwas träger reagieren als die kleineren Modelle. Diese so genannte Kommonalität gestattet es Fluggesellschaften beispielsweise, Besatzungen wechselnd auf Kurz-, Mittel- oder Langstrecken einzusetzen oder das Flugzeugmuster kurzfristig an die Buchungslage anzupassen, ohne dafür eine neue Besatzung einteilen zu müssen. Durch viele baugleiche Teile werden zudem die Kosten für die Ersatzteilbevorratung reduziert.

Seit Vorstellung der A320 hat Airbus deshalb am grundsätzlichen Layout der Pilotenarbeitsplätze nur marginale Veränderungen vorgenommen. Anordnung und Funktionsweise der sechs jeweils 15 auf 15 Zentimeter großen Bildschirme, der Sidesticks, die das traditionelle Steuerhorn ersetzt haben, und der meisten anderen Anzeige- und Bedienelemente wurden auch für die A330/A340-Familie übernommen, allenfalls wurden bei den jüngsten Weiterentwicklungen A340-500/600 sowie A318 die nicht mehr ganz zeitgemäßen CRT-Bildschirme (Kathodenstrahlröhren, ähnlich den herkömmlichen Fernsehern) durch LCD-Anzeigen (die moderneren Flüssigkristall-Flachbildschirme) ersetzt.

Allerdings ist auch in der Cockpittechnologie die Zeit nicht stehen geblieben, und Konzepte wie die auf der Primus-Epic-Avionik von Honeywell basierenden Systeme PlaneView und EASy, die in den neuesten Businessjets von Gulfstream beziehungsweise Dassault zu finden sind, zeigen, wohin der Weg gehen kann. Vier große Flachbildschirme ersetzen bei ihnen fast alle herkömmlichen Instrumente und die Bedienung über Menüs und mithilfe eines so genannten „Cursor Control Devices" (ähnlich wie bei einem Laptop) erinnert eher an einen Computer als an ein Flugzeugcockpit.

Airbus stand bei der Entwicklung der A380 also vor der schwierigen Entscheidung, inwieweit solche neuen Entwicklungen berücksichtigt und damit womöglich Abstriche bei der Kommonalität gemacht werden sollten.

Acht große Bildschirme

Das Ergebnis dieser Überlegungen wird viele Piloten und Airline-Kaufleute beruhigen: Auch die A380 ist zunächst einmal ein Airbus.

Ein Blick in das Cockpit zeigt das vertraute Bild von fünf nebeneinander und einem zentral darunter angeordneten sechsten, allesamt gleich großen Bildschirmen. Sie sind allerdings gegenüber den bisher üblichen Displays um etwa fünf Zentimeter in der Höhe gewachsen und haben zudem Gesellschaft durch zwei weitere, ebenfalls 15 auf 20 Zentimeter große Bildschirme in der Mittelkonsole bekommen.

Auf dem Primary Flight Display können während des Rollens am Boden die Bilder der Taxikameras angezeigt werden, sodass die Piloten verfolgen können, wie weit beispielsweise die Räder noch vom Rand des Rollwegs entfernt sind.

ACHT GROSSE BILDSCHIRME

Das Cockpit der A380 ähnelt grundsätzlich dem vorangegangener Airbus-Flugzeuge, sodass sich A320- oder A340-Piloten schnell zurechtfinden werden. Allerdings sind die Bildschirme um etwa fünf Zentimeter in der Höhe gewachsen und in der Mittelkonsole ersetzen zwei zusätzliche Bildschirme sowie eine Bedieneinheit mit Tastatur und Cursor Control Device (ähnlich einer Computermaus) das bislang dort installierte konventionelle Flight Management System (FMS). Den Klapptisch gibt es bei allen Fly-by-Wire-Airbussen, doch bei der A380 wurde zusätzlich eine Tastatur integriert (Foto links und vorangehende Doppelseite).

Unmittelbar im Blickfeld der Piloten befinden sich jeweils außen die Primary Flight Displays (PFD), auf denen in für Airbus typischer Symbolik die Lage im Raum („künstlicher Horizont") sowie Horizontalgeschwindigkeit, Steig- beziehungsweise Sinkgeschwindigkeit, Höhe und Flugrichtung angezeigt werden. Hinzugekommen sind im (neuen) unteren Teil des Schirms Informationen zur Konfiguration des Flugzeuges – Klappenstellung, Position der Luftbremsen, Fahrwerk, aber auch eventuelle Einschränkungen, die sich durch fehlerhafte Systeme ergeben.

Während des Rollens am Boden können auf das PFD die Bilder der Taxikameras aufgeschaltet werden. Sie sind an der Rumpfunterseite sowie im Seitenleitwerk installiert und gestatten es der Besatzung, den Weg des Flugzeugs und vor allem die Distanzen zwischen Fahrwerk und Rollwegrand zu beobachten. Ab einer Geschwindigkeit von 60 Knoten (110 km/h) wechselt die Anzeige allerdings automatisch wieder in den PFD-Modus.

Rechts beziehungsweise links des PFDs befinden sich die Navigationsbildschirme (Navigation Display oder ND), auf dem in bekannter Art und Weise die Flugrichtung, der geplante Flugweg, aber auch Informationen des Wetterradars, des Bodenannäherungswarnsystems (EGPWS) und des Kollisionswarnsystems (TCAS) dargestellt werden. Neu ist hier für Airbus ein zusätzlicher so genannter „vertical cut" im unteren Viertel des Bildschirms, ein Vertikalschnitt durch den Luftraum entlang der Flugzeuglängsachse beziehungsweise entlang des vorgesehenen Flugweges, der das Höhenprofil des Geländes, den geplanten Flugverlauf in vertikaler Richtung, vorgesehene Wegpunkte und vorgeschriebene Mindesthöhen zeigt, aber beispielsweise auch Gewitterechos des Wetterradars. Zweifellos ein enormer Sicherheitsgewinn, stellt doch der „controlled flight into terrain" (CFIT), also der Absturz eines vollständig steuerbaren Flugzeugs aufgrund der Kollision mit offensichtlich nicht erkannten natürlichen Hindernissen, eine der Hauptunfallursachen in der zivilen Luftfahrt dar.

Das ND hilft auch beim Zurechtfinden am Boden, indem nämlich die mittels Satellitennavigation ermittelte exakte jeweilige Flugzeugposition auf digitalen Flughafenkarten dargestellt wird, sodass die Besatzung auch bei extrem schlechter Sicht beispielsweise weiß, an welchem Punkt des Rollwegsystems sich die A380 gerade befindet.

Die Verwendung elektronischer Flughafenkarten gestattet noch eine weitere sinnvolle Funktion – das so genannte „brake to vacate", etwas salopp vielleicht mit „Zielbremsen" zu übersetzen. Während heutige Bremssysteme nur eine Voreinstellung in drei festen Stufen („sanft", „mittel" und „hart") erlauben, kann mit „brake to vacate" gezielt ein „Exit" ausgewählt werden, an dem die Landebahn verlassen werden soll. Anhand der Position des Flugzeugs auf der Bahn und des gewählten Abzweigs wird dann die Bremsleistung automatisch dosiert.

Zentral zwischen den Navigationsbildschirmen befindet sich das Engine/Warning Display (EWD), auf dem die wichtigsten Triebwerksdaten präsentiert werden. Bei der Schubanzeige – im oberen Drittel des Schirms – ist Airbus einen neuen Weg gegangen. Je nach Hersteller wurde der Schub bislang über die Drehzahl des Triebwerkniederdrucksystems (N1) oder das Gesamtdruckverhältnis (Engine Pressure Ratio – EPR) darge-

Videoüberwachung

Nach den Terroranschlägen des 11. Septembers 2001 wurde die Überwachung des Cockpitzugangs durch Videokameras von den Behörden verbindlich vorgeschrieben, um einen unautorisierten Zutritt zum Flugdeck zu verhindern. Die entsprechenden Bilder werden bei der A380 auf dem System Display dargestellt, ebenso – falls vorhanden – die Bilder weiterer in Kabine oder Frachtraum eingebauter Kameras.

DAS COCKPIT

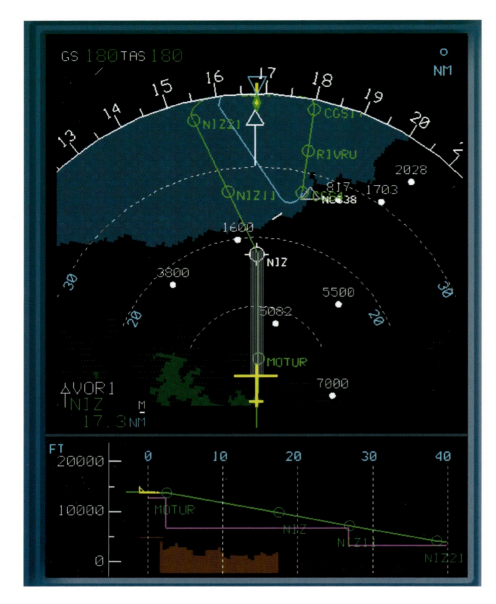

Die in der Höhe gewachsenen Bildschirme bieten Platz für zusätzliche wichtige Informationen, auf dem PFD (kleines Bild) über die Flugzeugkonfiguration, auf dem ND (oben) in Form eines Vertikalschnitts durch den Flugweg.

stellt. Bei der A380 zeigt der Bildschirm nun für jedes Triebwerk das Verhältnis von tatsächlichem zu maximal möglichem Schub (der je nach Flugphase variiert) in Prozent an. ACUTE (Airbus Cockpit Universal Thrust Emulator) nennt Airbus dieses Prinzip. Der restliche Teil dieses Bildschirms bietet Platz beispielsweise für Checklisten, aber auch für Warnmeldungen.

Das darunterliegende System Display (SD) dient – je nach Flugphase oder Auswahl der Besatzung – zur Darstellung des Status' der verschiedenen Systeme, beispielsweise Treibstoff, Hydraulik oder die Steuerflächen. Im unteren Teil des SD befindet sich dauerhaft die so genannte ATC-Mailbox, über die zunehmend via Datalink – vergleichbar einer E-Mail – die Kommunikation zwischen Besatzung und Fluglotsen abgewickelt wird, beispielsweise um die Freigabe für eine geänderte Flughöhe einzuholen.

Für die Datalink-Kommunikation können auch die beiden bereits erwähnten neuen Bildschirm in der Mittelkonsole, rechts und links vom System Display, genutzt werden. Diese Multifunktionsbildschirme (Multi Function Display – MFD) werden ebenso wie die ATC-Mailbox und die Navigation Displays über eine Keyboard Cursor Control Unit (KCCU) bedient. Bei letzterer handelt es sich um eine vollwertige Computertastatur inklusive Cursorsteuerung über einen Trackball, wie er beispielsweise von Laptops bekannt ist.

Sollte die so genannte Flight Control Unit (FCU) unterhalb der Windschutzscheiben, über die im Normalfall der Autopilot bedient wird, ausfallen, können deren Funktionen ersatzweise über das MFD und die KCCU aufgerufen werden.

Apropos Ersatz: Die acht Bildschirme beziehungsweise die auf ihnen dargestellten Informationen sind untereinander austauschbar, sodass der Ausfall eines Schirms nicht notwendigerweise sofort den Ausfall des ganzen Fluges nach sich ziehen muss, weil beispielsweise der Schub und weitere Triebwerksdaten auch auf dem Navigation Display angezeigt werden können.

Über die diversen Zusatzfunktionalitäten der MFDs wurde bereits gesprochen. Grundsätzlich aber ersetzen sie zunächst einmal die bisher an dieser Stelle untergebrachten Bedieneinheiten des Flight Management Systems, in das der geplante Flugweg inklusive aller abzufliegenden Wegpunkte eingegeben und gegebenenfalls unterwegs auch geändert werden konnte. All dies ist natürlich nach wie vor möglich, nur zum einen komfortabler über die KCCU, zum andern wiederum unter Zuhilfenahme der KCCU grafisch auf dem Navigationsbildschirm, indem durch Anklicken einzelne Wegpunkte ausgewählt und modifiziert oder neu gesetzt werden können.

Eine weitere Novität in der A380 sind zwei Bildschirme rechts und links vor den Sidesticks. Diese „Onboard Information Terminals" (OIT), gehören zum „Onboard Information System" (OIS) und sind Teil des „less-paper concept", mit dessen Hilfe die Unmengen Papier, die heute noch im Zusammenhang mit einem Flug anfallen, reduziert und schlussendlich komplett eliminiert werden sollen. Bedient wird das OIT entweder über eine Tastatur, die in den Klapptisch vor den Piloten integriert ist, oder bei verstautem Tisch über ein Tastenfeld neben dem Bildschirm – dann allerdings mit eingeschränkter Funktionalität. Das OIS ist ein bordeigenes Netzwerk, auf das in jeweils abgegrenzten Bereichen die Passagiere (E-Mail, Internet etc.), die Kabinenbesatzung (beispielsweise für Passagierdaten oder Crew-E-Mails), Wartungstechniker (Dokumentation, Systemüberwachung usw.) und natürlich die Piloten Zugriff haben. Der Cockpitbesatzung stehen unter anderem Handbücher, Anflugkarten und weitere Dokumente in elektronischer Form zur Verfügung, auch die Schwerpunktsberechnung und die Bestimmung von Start- und Landeleistungen (zum Beispiel erforderliche Bahnlänge oder Abhebegeschwindigkeit) können mithilfe des OIS durchgeführt werden. Mittelfristig wird die ganze Flugvorbereitung papierlos vonstatten

ARBEITS- UND RUHERAUM

Ruheräume für die Cockpit- und die Kabinenbesatzung gehören bei modernen Langstreckenflugzeugen zum Standard. Für die Piloten sollen bei der A380 zwei separate Kabinen mit Sitz- und Schlafgelegenheiten auf der rechten Rumpfseite unmittelbar hinter dem Cockpit zur Verfügung stehen.

gehen, weil alle Daten elektronisch an das OIS übermittelt werden. Da die einzelnen Funktionsbereiche innerhalb des OIS miteinander kommunizieren, werden viele Arbeitsvorgänge deutlich vereinfacht. Enthält beispielsweise das Logbuch einen Hinweis auf eine defekte oder deaktivierte Bremse, was nicht gleich den Flug verhindert, aber Auswirkungen auf Start- und Landestrecke hat, wird dies automatisch bei der Berechnung der entsprechenden Leistungsparameter berücksichtigt.

Arbeits- und Ruheraum

Das Cockpit der A380 ist einen halben Quadratmeter größer als das der Boeing 747-400 und bietet auf insgesamt 4,4 Quadratmetern neben den Piloten noch drei weiteren Personen Platz. Selbstverständlich wird auch der Airbus-Jumbo wie jedes moderne Verkehrsflugzeug von nur zwei Flugzeugführern geflogen, aber angesichts einer maximalen Reichweite von 15.000 Kilometern und entsprechend langen Reisezeiten müssen unter Umständen ein Reservepilot oder eine komplette zweite Cockpitbesatzung mit an Bord sein. Damit die ihren Dienst auch hellwach antreten können, beziehungsweise um der ersten Besatzung die Möglichkeit zur Regeneration zu bieten, stehen rechts neben der vom Hauptdeck zum Cockpit führenden Treppe zwei separate Ruheräume mit Sitz- und Schlafgelegenheiten für jeweils eine Person zur Verfügung. Auf der gegenüberliegenden Seite der Treppe wiederum ist eine Toilette für die Cockpitbesatzung(en) installiert. So ist von Airbus-Seite zumindest sichergestellt, dass die dienstfreien Piloten den Langstreckenflug genießen können – welche Annehmlichkeiten den Passagieren zur Verfügung stehen, liegt dagegen ganz im Ermessen der Fluggesellschaften ...

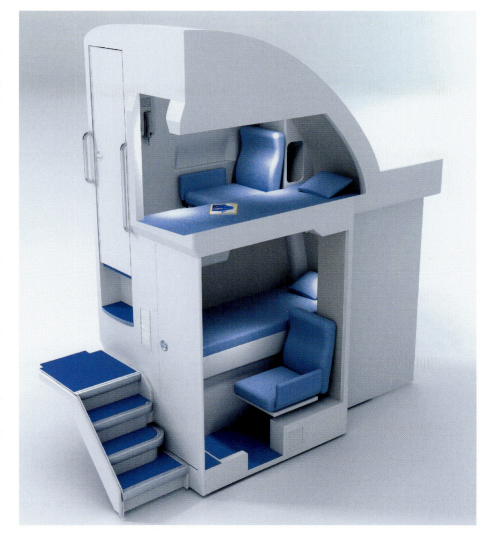

Die Kunden

202 Bestellungen von 17 Gesellschaften

DIE KUNDEN

Für die erst im November 2003 gegründete staatliche arabische Fluggesellschaft Etihad Airways aus Abu Dhabi wurde der 20. Juli 2004 zum Meilenstein ihrer blutjungen Geschichte. An diesem Tag kündigte Etihad-President Scheich Dr. Ahmed Bin Saif Al Nahyan auf der Air Show im englischen Farnborough an, 24 Airbus-Großraumflugzeuge zu bestellen: vier Doppeldecker A380, vier Langstreckenjets A340-500, vier A340-600 und zwölf Twinjets A330-200. „Ich kann mich nicht daran erinnern, dass je eine Fluggesellschaft nur acht Monate nach ihrer Gründung schon eine so große Order bei einem Hersteller platziert hat", erklärte der Etihad-President, ein gestandener Verkehrspilot, mit sichtlichem Stolz.

In Farnborough gab es am 24. Juli 2000 nur ein Thema: der Airbus A3XX. In Toulouse knallten die Champagnerkorken noch lauter als im Süden Londons, an der Elbe wurde tief durchgeatmet, und im fernen Seattle schickte man sich in das Unvermeidliche: Der erst 1985 gegründete „Himmelsstürmer" Emirates, die staatliche Fluggesellschaft von Dubai aus den Vereinigten Arabischen Emiraten, bestellte als erste Airline der Welt das größte Passagierflugzeug der Welt, obwohl der offizielle Programmstart erst 148 Tage später am 19. Dezember 2000 sein sollte – erst dann hieß der Riese auch endgültig A380 –, und leistete gleich eine handfeste Anzahlung. Das „schwarze Gold" aus der arabischen Wüste machte es möglich. Fünf Passagierflugzeuge und zwei Frachter orderte Emirates seinerzeit – plus fünf Optionen. Alles in allem belief sich dieser Auftrag damals auf rund 1,5 Milliarden US-Dollar. Die Lieferung der ersten doppelstöckigen Riesen war ursprünglich schon für das Frühjahr 2006 geplant – zwei Jahre später wusste Emirates, dass ihre erste A380 doch erst im Sommer 2008 ausgeliefert würde. Am 28. Juli 2008 war es endlich soweit: Emirates-CEO Scheich Ahmed bin Saeed Al-Maktoum und Emirates-President Tim Clark übernahmen in Anwesenheit von 2000 Airbus-Mitarbeitern in Hamburg-Finkenwerder ihre erste A380. Unmissverständlich antwortete Scheich Al-Maktoum an diesem Festtag auf alle Gerüchte, Emirates habe wegen der großen Verspätung der Auslieferung der fliegenden Giganten die mammutiöse Bestellung reduzieren wollen: „Wir haben unser klares Bekenntnis zur A380 immer aufrecht erhalten. Unsere Investition in dieses Flugzeug überschreitet inklusive der Triebwerke und der Kabinenausstattung 32 Milliarden US-Dollar. Davon wurden allein zwölf Milliarden US-Dollar in Deutschland ausgegeben." Seine Hoheit Scheich Ahmed bin Saeed Al-Maktoum, der auch über den in neue Dimensionen wachsenden Airport von Dubai gebietet, erklärte schon bei der ersten Bestellung im Juli 2000 mit sichtlichem Stolz: „Unser Erfolg beruht darauf, dass wir unseren Passagieren die höchsten Standards in Bezug auf Komfort, Service und Unterhaltung bieten. Die A3XX wird das Flaggschiff unserer Flotte und eine vollkommen neue Form des Fliegens kreieren." Schon damals traf der Emirates-CEO den Nagel auf den Kopf: „Die A3XX wird uns auch ermöglichen, mehr Fluggäste von uns zu überlasteten Flughäfen zu befördern, die nur begrenzte Start- und Landeslots zur Verfügung haben."

202 Flugzeuge – 69 Milliarden US-Dollar

Längst hatte Emirates – trotz der Produktionsverzögerung von rund zwei Jahren! – sogar 58 doppelstöckige Riesen bestellt, die in drei verschiedenen Ausführungen mit 489 Sitzplätzen in drei Klassen für extrem großer Reichweiten, mit 517 (drei Klassen) und mit 604 Sitzplätzen ausgerüstet werden. Letztere, eine Zwei-Klassen-Version, kommt mittelfristig vor allem für Indien- und Hadsch-Flüge infrage und spielt erst bei späteren Auslieferungen eine Rolle. Von den beiden ursprünglich georderten Frachtern ist –natürlich – keine Rede mehr, seit Airbus diese Version auf die lange Bank geschoben hat. Bei Emirates gibt man sich gelassen: Kommt Zeit, kommt Rat. Aber auch in Dubai ist man sich nicht mehr sicher, dass es in absehbarer Zeit wirklich einen Markt für die A380-Frachtversion geben wird. Gestrichen ist zwangläufig längst auch die Order für fünf A380-Frachter durch der amerikanischen Leasinggesellschaft ILFC. Die arabische Nobel-Airline, die mehr als 28.000 Mitarbeiter aus rund 140 Ländern beschäftigt, hat nunmehr ein gutes Viertel aller bisherigen 202 A380-Festbestellungen getätigt, die bis zum Frühjahr 2010 in Toulouse vorlagen. Theoretisch beträgt der Wert dieser 202 Bestellungen – laut neuesten Listenpreisen, die allerdings de facto so gut wie kein Kunde zahlt – unvorstellbare 69 Milliarden US-Dollar. Der heutige offizielle Listenpreis für einen Airbus A380: 346,3 Millionen US-Dollar.

Wer so viele fliegende Riesen so früh bestellt wie Emirates, bekommt natürlich erhebliche Rabatte eingeräumt. Das war immer so in der Welt der Flugzeughersteller. Und das gilt natürlich auch für andere einflussreiche Launching Customer wie Singapore Airlines, Deutsche Lufthansa, Air France oder die australische Qantas, die auch sehr schnell 20 Flugzeuge bestellt hatte. Über Rabatte aber wird in Toulouse natürlich genauso eisern geschwiegen wie in Dubai, Frankfurt oder Sydney.

Und auch das gehört zum arabischen Szenario: Nur wenige wichtige Airports der Welt sind so zügig eigens für die A380 ausgebaut worden wie der Verkehrsflughafen von Dubai, an dem noch vor wenigen Jahren bestenfalls gut 20 Millionen Passagiere jährlich registriert worden waren und der schon bald 60 Millionen Fluggäste pro Jahr bewältigen soll. Die Marschroute war klar: Bis Mitte 2008 mussten fünf Fluggaststeige einsatzbereit sein. Rechzeitig, um die ersten „großen Europäer" in Empfang zu nehmen. Langfristig sollen es 23 werden. Schier beispiellos rund um den Globus. Die Kosten des riesig dimensionierten Bauprogramms: 4,5 Milliarden US-Dollar. Scheich Ahmed bin Saeed Al-Maktoum liebt manchmal große Worte: „Es ist nicht nur reines Wachstum. Wir verändern die Strukturen der Luftfahrt." Trotzdem. Es ist auch pures Wachstum: Emirates, die seit dem Jahre 2007 in Dubai ein eigenes modernes A380-Wartungszentrum besitzt, hat angekündigt, bis zum Jahre 2012 auf über 150 Flugzeuge zu wachsen. Anfang 2010 verfügte Emirates bereits über 145 Großraumflugzeuge inklusive acht A380 – trotz aller wirtschaftlichen Schwierigkeiten Dubais in jüngster Zeit. Und bereits Anfang 2011 soll die A380-Flotte von Emirates aus 16 Flugzeugen bestehen.

Die Fluggesellschaft aus den Emiraten, offizieller Partner der Fußball-Weltmeisterschaft in Südafrika, fliegt mit ihren A380 von ihrem Drehkreuz Dubai aus inzwischen schon London-Heathrow, Paris, Toronto, Bangkok, Seoul, Sydney, Auckland und die saudi-arabische Hafenstadt Dschidda an. Die

*Wie bei vielen anderen bedeutenden Fluggesellschaften löst die A380 auch bei Qantas die Boeing 747-400 als größtes Flugzeug in der Flotte ab.
Mit 20 Festbestellungen sind die Australier zweitwichtigster A380-Kunde.*

zehnte Destination hieß Beijing. Damit wurde Emirates auch zum Vorreiter bei der Integration der chinesischen Hauptstadt in das immer größer werdende A380-Spinnennetz rund um den Globus. Und als einzige Fluggesellschaft, die sich bisher für den Airbus A380 entschieden hat, bietet Emirates in der Ersten Klasse mit ihren 14 Suiten im Oberdeck ihren Passagieren sogar zwei Duschräume („shower spa") mit integrierter Wassertemperatur- und Zeitregelung, einem eigenen Umkleidebereich und einem Ganzkörperspiegel an.

Angesichts dieser Dimensionen nehmen sich die Aktivitäten anderer etablierter Fluggesellschaften geradezu bescheiden aus. Schließlich hat der 1933 aus dem Zusammenschluss von vier Airlines entstandene französische Staatscarrier Air France, ohnehin seit Gründung von Airbus der treueste und zuverlässigste Partner der europäischen Flugzeugbauer – vielfach mit leichtem Nachdruck aus dem Elysée-Palast –, seine erste Bestellung über zehn Flugzeuge am selben Tag wie Emirates in einer Absichtserklärung unterzeichnet. Insofern gelten beide Fluggesellschaften als Erstkunden. Air France, die in ähnlicher Form wie Lufthansa und Singapore Airlines bereits seit Mitte der 90er-Jahre mit verschiedenen technischen Arbeitsgruppen intensiv an der Entwicklung des „Doppeldeckers"

beteiligt war, hatte allerdings schon gut sechs Wochen vorher pflichtgemäß signalisiert, sich für die A3XX entscheiden zu wollen, kaum dass Airbus begonnen hatte, das neue Großraumflugzeug den potenziellen Kunden in aller Welt formell anzubieten. Das Abkommen vom 24. Juli 2000 war also lediglich die förmliche Bestätigung.

Ganz offiziell wurde dieser A380-Auftrag dann allerdings erst am 18. Juni 2001 auf dem Aerosalon in Paris le Bourget in einen endgültigen Kaufvertrag umgewandelt – plus vier Optionen. Inzwischen sind daraus zwölf Festbestellungen geworden. Air France war übrigens der erste Kunde, der sich für das

Ein schicksalsträchtiger Tag für Airbus und für die große arabische Fluggesellschaft Emirates: Emirates-Chairman Ahmed bin Saeed Al-Maktoum und der damalige Airbus-Präsident Noel Forgeard sind sich einig. Die über alle Maßen finanzkräftige staatliche Airline aus Dubai in den Vereinigten Arabischen Emiraten (VAE) bestellt am 24. Juli 2000 als erste Fluggesellschaft der Welt den Airbus A380 und sendet damit weltweit Signale: fünf A380 plus zwei A380-Frachter und dazu noch zwei Optionen. Später wird diese Order sogar auf insgesamt 58 A380 erhöht.

Als erste Fluggesellschaft der Welt konnte Singapore Airlines die A380 in Dienst stellen. Am 15. Oktober 2007 wurde das Flugzeug mit der Seriennummer MSN003 an die Fluggesellschaft aus dem asiatischen Stadtstaat übergeben, zehn Tage später startete es zum ersten Linienflug Richtung Australien, und am 28. Oktober 2007 wurde der regelmäßige Flugverkehr zwischen Singapur und Sydney aufgenommen.

DIE KUNDEN

Auch in der Business Class, die Singapore Airlines auf dem A380-Oberdeck installiert hat, lassen sich die insgesamt 60 Sitze in durchaus bequeme Betten verwandeln.

471 Sitze hat Singapore Airlines in ihre A380 eingebaut. Die komfortabelsten davon finden sich in den zwölf Suiten, von denen sich die jeweils beiden mittleren durch Herunterfahren der Trennwand in eine große Kabine mit Doppelbett umwandeln lassen.

GP7200-Triebwerk von Engine Alliance entschied – ein Gemeinschaftsunternehmen der beiden gewöhnlich hart miteinander konkurrierenden amerikanischen Triebwerksherstellern General Electric und Pratt & Whitney, die für das A380-Programm ganz neue (sprich: gemeinsame) Wege gegangen waren.

Ein schlechter Prophet

Eine historische Groteske am Rande: Nur vier Jahre vor dem A380-Programmstart – 1996 – hatte der damalige Boeing-Präsident Ronald B. Woodard in Berlin in einem DPA-Exklusivinterview gegenüber dem Autor noch gegiftet: „Wir haben weltweit gut 60 Prozent Marktanteile. Dabei wird es bleiben. Wir waren in den vergangenen 25 Jahren Marktführer und wir bleiben die Nummer eins im Flugzeugbau." Für zwei neue Großraumflugzeuge, so prophezeite „The Shark" – so wurde der genauso dynamische wie aggressiv auftretende amerikanische Luftfahrtindustrielle schon seit Jahren wenig schmeichelhaft in der Branche tituliert – und bohrte seinen Zeigefinger drohend in die Luft, gäbe es sowieso keinen Markt. Zwei Flugzeuge dieser Größe zu entwickeln und zu bauen, sei wirtschaftlicher Unsinn. Das müsse doch jedermann begreifen. Vor allem die Europäer. Und dann sprach Ronald B. Woodard, vor Selbstbewusstsein strotzend, die markanten Worte: „Die A3XX wird nie fliegen. Das schaffen die Europäer gar nicht. Wir aber werden unseren Jumbo weiterentwickeln." In Toulouse kommentierte der damalige deutsche Chefkonstrukteur Jürgen Thomas, der „Vater der A380", der just drei Monate zuvor Leiter der „Large Aircraft Division" für alle mit der Entwicklung des geplanten Airbus-Großraumflugzeuges zusammenhängenden Arbeiten geworden war und nach dem heute das Auslieferungszentrum in Hamburg-Finkenwerder benannt ist, Ronald B. Woodards Prognosen lakonisch: „Wenn wir immer auf die ‚Warnungen' von Boeing gehört hätten, hätten wir auch keine A310 und keine A320 bauen dürfen. Auch für diese erfolgreichen Flugzeuge sah Boeing keinen Markt." Zwei Jahre später wurde Ronald B. Woodard gefeuert. Wegen Erfolglosigkeit im härter gewordenen Duell mit den Europäern und wegen falscher Marktanalysen – behaupteten unisono die amerikanischen Medien.

Airbus-Verkaufsvorstand John Leahy hatte nach dem Ende 2000 verkündeten offiziellen Programmstart – die Airbus-Partner aus Frankreich, Deutschland, Großbritannien und Spanien hatten schon ein Jahr zuvor „grünes Licht" für den A380-Bau gegeben – und den eindrucksvollen ersten Verkaufserfolge vor allem in den Jahren 2000 und 2001 in Toulouse erklärt: „Langfristig sind wir bemüht und auch zufrieden, wenn wir in jedem Jahr einen neuen Kunden gewinnen können." Als der erste Airbus A380 zum Erstflug in Toulouse-Blagnac abhob, hatten 15 Kunden zusammen 154 Flugzeuge bestellt, darunter 27 Frachter. Letztere sind allerdings vorerst und sicherlich auf lange Sicht auf Eis gelegt, weil die Cargo-Version bis heute nicht vom Markt akzeptiert worden ist. Die Kundenpalette las sich schon beim Erstflug wie ein Who's who der Weltluftfahrt: Singapore Airlines gehörte dazu, aber auch Emirates, Lufthansa, Air France, Qantas und Virgin Atlantic.

Dass sich die führenden US-Fluggesellschaften, die zu den größten in der Welt gehören, in punkto A380 bislang deutlich zurückgehalten haben, ist in vielen Medien – nicht nur in Deutschland – wiederholt und breit damit begründet worden, die meisten nordamerikanischen Airlines würden noch immer

Maximal 399 Passagiere finden in der Economy Class der A380 von Singapore Airlines Platz. Mit Steckdosen an jedem Sitz für den mitgebrachten Laptop und großen Bildschirmen für das Bordunterhaltungssystem soll auch für die Reisenden in den billigeren Klassen die Zeit wie im Fluge vergehen.

vor Bestellungen bei den europäischen Flugzeugbauern zurückscheuen. Es ist eine alte Legende, die dadurch nicht wahrer wird, dass sie alle Jahre wieder neu aufbereitet wird. Erstens gibt es bei keiner großen US-Airline noch ernsthafte Vorbehalte gegenüber Airbus. Eher manchmal traditionelle Bindungen an Boeing. Eine handfeste Statistik beweist es: Von den ersten 5.000 ausgelieferten Airbus-Flugzeugen aller Art und Größe sind rund 2.200 – teils über Leasinggesellschaften – auf dem nordamerikanischen Markt gelandet. Es gibt zwischen Vancouver und Miami keine psychologischen oder politischen Aversionen mehr gegenüber Airbus. Diese Zeiten sind längst Vergangenheit. Mehr noch: Direkt und indirekt hängen heute von Airbus in Nordamerika rund 120.000 Arbeitsplätze in 40 US-Bundesstaaten ab. Vor allem aber bestätigt – und das ist die andere Seite der Medaille – der Blick in die Vergangenheit, dass der Airbus A380 genauso wenig das passende Flugzeug für den nordamerikanischen Markt ist wie die Boeing 747. Nur ganz wenige US-Airlines setzten beziehungsweise setzen den Jumbo ein. Die Boeing 747 ist vier Jahrzehnte lang am besten in Asien und Europa verkauft worden, wo vor allem die Airlines mit den bedeutenden Langstreckenverbindungen zu Hause sind. Für den nationalen Markt Kanadas und der USA werden Flugzeuge dieser Größe kaum benötigt. Und dieser inneramerikanische Markt ist unverändert die wirtschaftliche Basis fast aller US-Carrier. Außerdem gibt's heutzutage noch einen anderen gewichtigen Grund für die Zurückhaltung der führenden US-Fluggesellschaften: Viele der dortigen Airlines sind mehr oder minder pleite und können sich – im Gegensatz zu den führenden Fluggesellschaften Asiens – neue teure Großraumflugzeuge gegenwärtig kaum erlauben. Trotzdem ist Lufthansa-Chefpilot Jürgen Raps, einer der ersten deutschen Flugzeugführer, die die A380-Lizenz erworben haben, der festen Überzeugung: „Ich glaube, dass die Amerikaner auf die Dauer an der A380 nicht vorbei kommen können. Schon weil die A380 Luftverkehr zu wesentlich günstigeren Kosten produziert als alles, was heute fliegt. Das wird nicht in naher Zukunft geschehen, aber mittelfristig werden die Amerikaner auch kommen."

Die erste A380 ging nach Singapur

Da sieht die Welt bei Singapore Airlines, die wiederholt als beste Fluggesellschaft der Welt ausgezeichnet worden ist und die immer wieder als Trendsetter in der Branche gilt, natürlich ganz anders aus. Singapore Airlines unterschrieb am 16. Juli 2001 einen Kaufvertrag über zehn A380 zuzüglich einer Option über 15 weitere Flugzeuge. Im Juli 2006 wurden aus den zehn A380 19 Festbestellungen für seinerzeit summa summarum 5,7 Milliarden US-Dollar nach Listenpreis – plus sechs Optionen.

Für die immer wieder durch ihre Expansionsbereitschaft hervorgetretene Langstrecken-Fluggesellschaft, die jährlich fünfmal so viele Passagiere befördert, wie der Stadtstaat Singapur Einwohner hat, und die sich rühmen darf, über eines der qualifiziertesten Ingenieurteams der Welt und in ihren Flugzeugwerften über hervorragende Wartungs- und Reparaturkapazitäten zu verfügen, ist der Airbus A380 geradezu maßgeschneidert. SIA setzt den Airbus A380 nicht nur auf ihrer „Rennstrecke" Sydney – Singapur – London, der berühmten Känguru-Route, ein – London wird von Singapur aus täglich zweimal mit der A380 angeflogen –, sondern pflegt mit diesen Großraumflugzeugen inzwischen auch ihre hochfrequentierten Verbindungen nach Melbourne, Tokio, Hongkong und Paris.

Dass Singapore Airlines mit dem Airbus A380 Frankreichs Metropole Paris eher anflog als Air France, die erst viel später ihre erste A380 erhielt, haben viele französische Flugzeugfreaks wie ein Stich ins Herz empfunden. Die eigentliche Überraschung aber war die Entscheidung von Singapore Airlines, ab Anfang 2010 Zürich als dritte Destination in Europa anzufliegen.

Für Airbus war die SIA-Order besonders wichtig. Allein für den asiatisch-pazifischen Raum ist bis zum Jahr 2020 ein Verkauf von wenigstens 700 Großraumlangstreckenflugzeugen aller Couleur prognostiziert worden. Und das weiß man seit Jahrzehnten in Toulouse genauso gut wie in Seattle: Was Singapore Airlines vorexerziert, das machen über kurz oder lang die meisten führenden asiatischen Airlines nach. Singapore Airlines hat zwar nicht als erste Fluggesellschaft den Airbus A380 bestellt, aber die 1972 gegründete Fluggesellschaft, die 62 Destinationen in 34 Ländern anfliegt und seit ihrer Gründung jedes Finanzjahr mit einem positiven Geschäftsergebnis abgeschlossen hat, hat als erste Fluggesellschaft am 15. Oktober 2007 einen Airbus A380 in Toulouse übernommen. Am 25. Oktober 2007 startete die erste A380 von Singapore Airlines mit 455 Passagieren zu ihrem ersten Linienflug von Singapur nach Sydney.

Bis Frühjahr 2010 hat die Fluggesellschaft bereits zehn A380 erhalten. Zweite Destination in Europa war Paris, obwohl SIA lange damit geliebäugelt hatte, Frankfurt noch vor Paris anzufliegen. Singapore Airlines, die schon die erste Boeing 747-400 und auch den 1.000. je ausgelieferten Jumbo erhielt, bietet ihre „großen Europäer" als Drei-Klassen-Produkt mit einem Komfort an, der bis dato in der Luftfahrt – abgesehen von Privatjets – unbekannt war. Das Nonplusultra ist natürlich die Suite-Klasse mit ihren zwölf luxuriösen Plätzen. Der französische Designer Jean-Jacques Coste, vor allem durch seine Inspirationen für Luxus-Jachten bekannt, versprach eine Suite mit „Komfort wie zu Hause". Das ist gelungen. Die 1,98 Meter langen Betten mit feinstem italienischen Leder können mittels zweier Schiebetüren sogar in ein völlig abgeschirmtes Separee verwandelt werden. Fliegen wie im siebten Himmel. Stolz ist Singapore Airlines auch auf ihr „breitestes Business-Class-Produkt der Welt". Mit 87 Zentimetern Sitzbreite für alle 60 Sitze wurden neue Maßstäbe gesetzt. Doch auch die Economy-Klasse – 399 Sitze – unterscheidet sich wohltuend von den vielen „fliegenden Sardinenbüchsen" in aller Welt. Die 3-4-3- bzw. 2-4-2-Konfiguration vermittelt ein völlig neues Wohlgefühl. So viel Platz war wirklich nie in der „Holzklasse", die bei Singapore Airlines diesen Spottnamen schon lange nicht mehr verdient.

Ihre wichtigsten Gründe für ihre A380-Bestellung präzisierte Singapore Airlines schon sehr früh:

- Die Sitzkapazität der A380 ist um 25 Prozent größer als beim größten bisher auf dem Markt befindlichen Flugzeug.
- Die Betriebskosten liegen um 15 Prozent unter denen der Boeing 747-400 – bisher das effizienteste Flugzeug von Singapore Airlines.
- SIA ist fest davon überzeugt, diese Flugzeuge in wichtige Städte Europas, der USA und der Region Asien-Pazifik profitabel und mit guten Sitzauslastungen fliegen zu können.
- Der größere Passagierraum bietet genügend Raum für Produktinnovationen.
- Für Singapore Airlines ist es Teil ihrer Philosophie, immer Vorreiter bei der neuesten Flugzeugtechnologie zu sein und Maßstäbe im Flugverkehr zu setzen.

Singapore Airlines hatte schon anno 2002 – wieder einmal – Schrittmacherdienste geleistet und in einer umfangreichen Kundenuntersuchung namens „BigStep" Vielflieger und Touristen über ihre Vorstellungen, Wünsche und Erwartungen befragt. Zudem wurden Kundenworkshops in Singapur, London, Tokio und New York eingerichtet und Vielflieger befragt, wie sie sich den Flugverkehr in fünf bis zehn Jahren vorstellen. Die Resultate aller Befragungen, Interviews und Workshoperkenntnisse wurden zusammengetragen und nicht nur allen Entscheidungsträgern der Fluggesellschaft, sondern auch Designern aus der Welt der Mode, der Automobilbranche sowie der Kabinenfertigung und -ausrüstung präsentiert. Sie wurden beauftragt, das neue A380-Kabinendesign für Singapore Airlines zu erarbeiten. Die Maxime der Airline war klar: „Wir werden zuerst den Airbus A380 fliegen – wir sind der Maßstab".

Nur knapp zweieinhalb Jahre nach der Übernahme ihrer ersten A380 am 15. Oktober 2007 konnte Singapore Airlines eine bemerkenswerte Bilanz vorweisen: In 28 Monaten wurden

Erster europäischer Betreiber der A380 war Air France. Am 30. Oktober 2009 übernahm die französische Fluggesellschaft in Hamburg-Finkenwerder den ersten von zwölf bestellten Airbus-Riesen.

Qantas hatte ursprünglich zwölf A380 geordert, stockte den Auftrag aber im Herbst 2006 durch die Umwandlung von acht Optionen auf insgesamt 20 Festbestellungen auf. Die australische Fluggesellschaft setzt ihre Flaggschiffe beispielsweise nach London, Los Angeles und Singapur ein (Foto links).

DIE KUNDEN

British Airways zierte sich lange, doch für viele Fachleute stand fest, dass die Fluggesellschaft letztlich gar nicht umhin käme, das größte Verkehrsflugzeug der Welt zu ordern. Schließlich gehört ihr Heimatflughafen London-Heathrow zu den ersten Zielen, die andere wichtige Fluggesellschaften wie Singapore Airlines oder Qantas mit der A380 anflogen. Im September 2007 war es dann soweit: British Airways kündigte an, zwölf A380 bestellen zu wollen. Boeing war enttäuscht: Die Amerikaner hatten bis zuletzt auf einen Auftrag für die 747-8 Intercontinental gehofft.

A380-Kunden (Stand: 30.04.2010)	
Air Austral	2
Air France	12
British Airways	12
China Southern Airlines	5
Emirates Airline	58
Etihad Airways	10
ILFC	10
Kingdom Holding Company	1
Kingfisher Airlines	5
Korean Air	10
Deutsche Lufthansa	15
Grupo Marsans	4[1]
Malaysia Airlines	6
Qantas Airways	20
Qatar Airways	5
Singapore Airlines	19
Thai Airways	6
Virgin Atlantic	6
Total	**206**

1) Absichtserklärung, noch keine Festbestellung

über 6.000 kommerzielle A380-Flüge durchgeführt und dabei 2,5 Millionen Passagiere transportiert. Und alles unfallfrei. Der so genannte A380-Effekt, der erstmals durch Singapore Airlines bekannt wurde, hat sich inzwischen auch bei Air France, Qantas und Emirates fortgesetzt. Der Reiz des Neuen und Großen scheint unwiderstehlich zu sein: Tausende von Kunden dieser Airlines versuchen, möglichst mit einer A380 zu fliegen, wenn persönlicher Zeitplan und Airline-Flugplan übereinstimmen. Rob Gurney, in der Qantas-Gruppe verantwortlich für Qantas Airways, bringt es auf den Nenner: „Wir können an den Buchungen nachvollziehen, dass die A380-Flüge besonders stark frequentiert sind und die Leute sich absichtlich Verbindungen zusammenstellen lassen, bei denen sie dann A380 fliegen können. Wir haben auch ein hervorragendes Feedback erhalten, was unser Produkt angeht. Wir haben in allen vier Buchungsklassen speziell auf der A380 Neuerungen eingeführt, die sehr gut ankommen."

Deutlich später als Singapore Airlines sowie die beiden arabischen Fluggesellschaften Emirates Airline und Etihad Airways – Firmen-Motto: „Wir werden genau das werden, was die Konkurrenz fürchtet: Eine erstklassige Airline. Wir spielen in der ersten Liga" – reihte sich die Deutsche Lufthansa offiziell in den Kundenkreis ein. Doch die Lufthanseaten waren wie schon bei der Boeing 737, dem Airbus A310, dem 747-Frachter, der Boeing 747-400, zu deren Entwicklung die Ingenieure und Techniker der Lufthansa über 20.000 Mannstunden beisteuerten, und dem Airbus A340 auch beim Airbus A380 einer der wichtigsten Launching Customer. Sie bestellten ihre 15 „großen Europäer" zwar erst am 20. Dezember 2001, aber die Lufthansa Technik war von Anfang an in das ganze Programm so stark wie nur wenige Airlines eingebunden.

Der große europäische Konkurrent Air France hatte sich bereits im Juli 2000 für zehn A3XX, wie das Flugzeug damals noch hieß, entschieden. Später wurden daraus sogar zwölf Bestellungen. Und das ist vermutlich noch nicht das letzte Wort. Den ersten ihrer zwölf bestellten „Doppeldecker" erhielt Air France am 30. Oktober 2009 im Rahmen einer feierlichen Zeremonie in Hamburg-Finkenwerder. Dass die Air-France-A380 nicht in Toulouse, sondern in Hamburg ausgeliefert werden, hat eine einfache Erklärung: Alle von europäischen und nahöstlichen Fluggesellschaften bestellten Flugzeuge dieses Typs werden in Hamburg ausgeliefert, alle anderen in Toulouse.

Bereits mit ihrer zweiten A380 entdeckte Air France, die schon immer eng mit Afrika verbunden war, den afrikanischen

Kontinent neu. Mit der Verbindung Paris – Johannesburg wurde Air France die erste Fluggesellschaft, die mit dem „europäischen Riesen" regelmäßig Afrika anflog. Und das ausgerechnet im Jahr der Fußball-Weltmeisterschaft. Bemerkenswert in diesem Zusammenhang: Der Flughafen der Millionenmetropole Johannesburg war der erste afrikanische und darüber hinaus einer der ersten Airports der Welt, der für die A380 gerüstet war.

A380 mit 840 Passagieren

Die australische Qantas, die bereits 1920 gegründet wurde und damit eine der ältesten Airlines überhaupt ist, gehört seit Jahrzehnten zu den sichersten Fluggesellschaften der Welt. Sie hatte sich bereits recht frühzeitig für die A380 entschieden und übernahm ihr erstes europäisches Großraumflugzeug am 19. September 2008 in Toulouse. Qantas-CEO Geoff Dixon erklärte damals voller Überzeugung: „Bei der Bestellung unserer A380 im Jahre 2000 haben wir erklärt, dass uns dieses revolutionäre Flugzeug die Möglichkeit bieten würde, unser Produkt neu zu erfinden – zusätzlich zu den Kapazitätssteigerungen, den Einsparungen bei den Betriebskosten und den Umweltvorteilen. Alles, was wir seit unserer ursprünglichen Auftragserteilung gesehen haben, hat uns in dieser Auffassung bestätigt. Mit ihrer Reichweite von 15.200 Kilometern bietet uns die A380 enorme Vorteile. Dieses Airbus-Großraumflugzeug ist die ideale Lösung für die Bewältigung des wachsenden Verkehrsaufkommens bei gleichzeitiger Entlastung stark frequentierter Flughäfen, die an ihre Kapazitätsgrenzen stoßen. Dieses Flaggschiff für das 21. Jahrhundert erfüllt für uns ein breites Spektrum von entscheidenden Kriterien." Bemerkenswert ist, dass sich Qantas mit dem Vertragsabschluss im November 2000 erstmals überhaupt für ein Airbus-Produkt entschied. Anfangs lief der Vertrag über zwölf Flugzeuge, später wurden 20 daraus. Qantas fliegt mit ihren A380 von Melbourne und Sydney aus als als erste Gesellschaft regelmäßig über den Pazifik nach Los Angeles.

Einig sind sich Qantas-Mann Gurney und die Singapore-Airlines-Manager über die Erfahrungen bei der Indienststellung der A380. Rob Gurney: „Wir sind mit der A380-Einführung sehr zufrieden. Es gibt immer mal einige Kleinigkeiten, aber das ist normal, wenn man ein neues Flugzeug einführt." Spricht Airbus inzwischen von einer 99-prozentigen und damit branchenüblichen Verkehrszuverlässigkeit, so rühmen die Singapore-Airlines-Kaufleute nicht nur die Zuverlässigkeit der A380-Flugzeuge, sondern vor allem auch die größeren Möglichkeiten. Beispielsweise kann man mit einem täglichen A380-Flug Singapur – Paris zehn wöchentliche Boeing 777ER-Flüge ersetzen. Und wer Kapazitätsprobleme in New York hat, wo Slots besonders rar und begehrt sind, kann dadurch wachsen, dass er zwei Boeing-747-Flüge durch zwei Airbus-A380-Flüge ersetzt – bei deutlich reduzierten Stückkosten. Unisono sind sich Qantas, Singapore Airlines und Emirates einig: Die Markteinführung der A380 ist – trotz mancher „Kinderkrankheiten" in den Anfangszeiten, über die besonders Emirates und weniger Singapore Airlines klagte – hervorragend geglückt.

Was selbst von erfahrenen Airbus-Verkäufern kaum oder jedenfalls nicht so schnell für möglich gehalten worden war, wurde Ende 2007 Wirklichkeit: Seine Königliche Hoheit Prinz Alwaleed bin Talal bin Abdulaziz Alsaud orderte am 12. November 2007 einen „A380 Flying Palace". Der Boß der Kingdom Holding Company, eine der erfolgreichsten Holdinggesellschaften der Welt, war damit der erste Kunde einer VIP-Version des doppelstöckigen Großraumflugzeuges. Darauf war Airbus-Verkaufschef John Leahy verständlicherweise besonders stolz: „Airbus ist nun im Corporate-Jet-Markt vom kleinen Airbus A318 bis zur großen A380 vertreten." Prinz Alwaleed bin Talal bin Abdulaziz Alsaud ist übrigens auch der einzige Privatbesitzer einer Boeing 747-400.

Offiziell ist der Airbus A380 für maximal 853 Passagiere zugelassen. Doch keine der großen Airlines der Welt, die sich bisher für den Airbus A380 entschieden haben, ist auch nur annähernd in diese Grenzbereiche vorgestoßen, obgleich damit gerechnet werden kann, dass Emirates eines Tages einige ihrer A380 für Hadsch- oder Gastarbeiterflüge extrem eng bestuhlen wird. Noch schneller war allerdings die 1974 gegründete Fluggesellschaft Air Austral aus Réunion, die bislang mit ATR 72-500 und Boeing 737 im Kurzstreckenverkehr sowie mit drei Boeing 777-200ER im Langstreckenverkehr – vornehmlich Urlauberflüge zwischen Frankreich und der Insel Réunion – operierte: Sie hat zwei A380 bestellt, die ab dem Jahre 2014 ausgeliefert werden und jeweils 840 (!) Passagieren Platz bieten sollen. Damit ist Air Austral, die ursprünglich Réunion Air Service und später Air Réunion hieß und an der Air France mit 33,36 Prozent und das französische Finanzministerium mit 26,3 Prozent beteiligt sind, die erste Fluggesellschaft, die bei dem „großen Europäer" fast an seine Kapazitätsgrenzen herangeht.

Wer nicht auf jeden Cent zu schauen braucht, leistet sich gerne neben der Ferrari-Sammlung und der einen oder anderen Jacht auch noch einen fliegenden Palast. Bislang war das in der Regel eine Boeing 747, künftig muss es eben die A380 sein.

Die Completion Center, die die leere Flugzeughülle in tausenden von Arbeitsstunden und unter Einsatz edelster Materialien mit einer exklusiven Kabinenausstattung versehen, hatten schon lange vor Auslieferung des ersten Riesen-Jets mit den Planungen für einen VVIP-Jet auf Basis der A380 begonnen. Der extrem geräumige Rumpf des Riesen-Airbus' animierte die Hamburger Lufthansa Technik, von der die Zeichnungen auf dieser Doppelseite stammen, zu einer entsprechend großzügigen Gestaltung der Kabine.

Die Lufthansa

Das neue Flaggschiff für den Kranich

DIE LUFTHANSA

Die erste für Lufthansa bestimmte A380 trägt das Kennzeichen D-AIMA und nach ihrem Heimatflughafen den Taufnamen „Frankfurt am Main".

Die D-AIMA kurz vor der Auslieferung an Lufthansa bei einem Testflug in Hamburg-Finkenwerder, wo das Flugzeug seine Innenausstattung und seine Lackierung erhalten hatte (vorherige Doppelseite).

Es war ein langer Weg vom 6. Dezember 2001 bis zum 9. Oktober 2009, der die Lufthanseaten manchmal verzweifeln ließ. Acht Jahre, zehn Monate und drei Tage vergingen von dem Tag, an dem sich die Deutsche Lufthansa offiziell und endgültig für den Airbus A380 entschied, bis zur Landung der ersten noch „grünen" Lufthansa-A380, der Produktions-Nummer MSN038, in Hamburg-Finkenwerder, wo alle vierstrahligen Giganten ihre Innenausstattung und Lackierung erhalten. Endlich sahen die Lufthanseaten Licht am Ende eines langen, oft auch recht dunklen Tunnels. Drei Tage zuvor, am 6. Oktober 2009, hatte die „D-AIMA", an deren Leitwerk schon der vier Meter große Lufthansa-Kranich prangte, ihren Erstflug in Toulouse absolviert. Chefpilot Jürgen Raps, der bereits Anfang 2007 als einer von damals weltweit nur vier Linienpiloten die A380-Lizenz erworben hatte, erklärte nach dem Erstflug, der vor allem einer ausgiebigen Kontrolle aller Bordsysteme diente, begeistert: „Es war ein bewegender Moment. Ich freue mich schon heute darauf, unsere erste A380 von Hamburg-Finkenwerder nach Frankfurt zu fliegen."

Die Durststrecke für Airbus und Lufthansa war am Ende länger und beschwerlicher, als alle Beteiligten geahnt hatten. Als die Deutsche Lufthansa am 6. Dezember 2001 ihre lang erwartete Order über 15 A380 ausgerechnet zu einem Zeitpunkt verkündete, da die Luftfahrt wieder einmal von einer schweren Krise erschüttert wurde, war die Überraschung allgemein groß, auch wenn damit gerechnet werden musste. Die Lufthanseaten waren einmal mehr ihrem seit Jahrzehnten bewährten Erfolgsrezept treu geblieben: Antizyklisch kaufen, heißt seit eh und je die Devise für den Kranich. In der Baisse gibt es die besten Konditionen. Zudem bestätigte der späte Launching Customer freimütig, dass man sich mit Airbus auf Vertragsmodalitäten geeinigt habe, „die es dem Unternehmen trotz der schwierigen wirtschaftlichen Lage möglich machen, die Kaufentscheidung bereits zum jetzigen Zeitpunkt zu treffen". Schließlich hatte Rainer Hertrich, seinerzeit noch EADS-Chef, bereits ein Jahr zuvor erklärt, selbstverständlich werde auch die Deutsche Lufthansa noch den Vorzug guter Konditionen wie alle anderen Erstbesteller erhalten. Ursprünglich sollte die Kaufentscheidung bereits in der Aufsichtsratssitzung am 19. September 2001 beschlossen und verkündet werden. Doch vor dem Hintergrund der Terroranschläge islamischer Fundamentalisten in den USA am 11. September wurde diese Aufsichtsratssitzung auf den 5. Dezember vertagt. Seinerzeit schon verkündete der damalige Lufthansa-Vorstandsvorsitzende Jürgen Weber trotz der verschiedensten Probleme der ganzen Branche, von denen auch die Lufthansa nicht verschont geblieben war, mutig, die Verkehrsluftfahrt werde sich auch von diesen Rückschlägen in zwei bis drei Jahren wieder erholen und zu ihren Wachstumsraten von jährlich fünf Prozent zurückkehren. Er behielt – wieder einmal – recht. Auf einen logischen Nenner gebracht: Die Lufthansa wollte nicht im Abseits stehen, wenn eine größere Flugzeuggeneration antritt, die mit deutlich besseren Sitzplatzkosten aufwarten kann. Jürgen Webers Credo: „Mit diesem Beschluss wurden die Weichen für eine wichtige Zukunftsinvestition gestellt, die dazu beiträgt, die Position von Lufthansa im internationalen Wettbewerb langfristig zu stärken."

Webers Nachfolger Wolfgang Mayrhuber, der erste Österreicher auf dem Lufthansa-Thron, ging im Frühjahr 2005 im deutschen Zivilluftfahrt-Magazin „Aero International" noch einen Schritt weiter und signalisierte, langfristig sogar noch mehr A380 zu erwerben: „Wann immer wir in den vergangenen 50 Jahren neue Flugzeugmuster gekauft haben, waren das nicht die letzten. Die nächsten Exemplare jedes Typs werden immer besser, nie schlechter. Wachsen können wir auf vielen wichtigen Hubs angesichts der zunehmenden Slot-Nöte nur noch mit der A380. Nach New York fliegen wir mittlerweile alle zweieinhalb Stunden. Wir werden künftig nicht alle halbe Stunde fliegen, aber dafür mit größeren Flugzeugen. Selbst wenn wir eine A380 nicht ganz füllen, sind's am Ende doch die gleichen Kosten wie bei einer Boeing 747. Das ist der große ökonomische Vorteil. Dieses Flugzeug wird für die Kunden nicht nur größer, sondern auch ruhiger und angenehmer sein. Dieses Flugzeug manifestiert, was Europa kann."

Mayrhuber ließ keine Zweifel darüber aufkommen, warum sich der deutsche Flagcarrier zum Airbus A380 bekannt hat: „Wir sind stolz, an der Wiege dieses Flugzeuges zu stehen, in das wir sehr viel investiert haben und mit dem Europas Luftfahrtindustrie wieder eine Vorreiterrolle übernommen hat." Wolfgang Mayrhuber prophezeite schon damals: „Die Lufthansa hat in der Vergangenheit bei neuen Flugzeugen nach der Erstbestellung immer weitere Aufträge folgen lassen. Ich gehe davon aus, dass das auch diesmal so sein wird."

526 Sitzplätze

Die A380 der Lufthansa werden über 526 Sitze verfügen. Acht in der First und 98 in der Business Class auf dem Oberdeck sowie 420 in der Economy Class auf dem Hauptdeck. „Es gibt Komfort, aber es wird kein Spielkasino und keine Doppelbetten geben." Chefpilot Jürgen Raps ergänzt lachend: „Keine Duschen, aber ein feudales Badezimmer." Alles in allem eine geradezu biedere Drei-Klassen-Konfiguration. Trotzdem natürlich weit entfernt von der maximal möglichen Kapazität von 853 Sitzplätzen. Und ein klares Bekenntnis zur Zukunft auch der gehobenen Preisklassen – die Lufthanseaten glauben fest an den weltweiten Aufschwung des Luftverkehrs und damit auch wieder an ein wachsendes Interesse der Premium-Kundschaft an der First und Business Class. Wobei die aktuelle Business-Class-Bestuhlung des Kranichs im internationalen Vergleich längst als nicht mehr als konkurrenzfähig gilt. Doch weil das neue Produkt für Geschäftsreisende bei Lufthansa erst mit Indienststellung der 747-8 eingeführt wird, werden zumindest die ersten vier LH-A380 mit der alten Business Class ausgeliefert.

Rom wurde nicht an einem Tag erbaut, und auch eine für Lufthansa bestimmte A380 entsteht keinesfalls von heute auf morgen. Viele Monate vergehen, bevor aus Millionen von Einzelteilen ein viele hundert Tonnen schweres Verkehrsflugzeug wird.

Am 21. Februar 2009 wurde das in Stade gefertigte Leitwerk der ersten Lufthansa-A380 mit der Seriennummer MSN038 von Hamburg aus in einem Beluga-Transportflugzeug zur Endmontage geflogen (ganz oben links). Die Rumpfsegmente, die für den Lufttransport zu groß sind, kamen auf dem See- und Landweg in Toulouse an (oben rechts), wo im Februar 2009 die Endmontage begann (Fotos Mitte).

Anschließend wurde das komplettierte Flugzeug nach Hamburg-Finkenwerder geflogen. Im dortigen Airbus-Werk erhielt der Jet die Farben seines künftigen Betreibers. Rund 3.500 Quadratmeter ist die zu lackierende Fläche groß, 650 Kilogramm Farbe bedecken anschließend die Haut des Flugzeugs. Die Buchstaben des Lufthansa-Schriftzugs sind bis zu 1,80 Meter hoch.

DIE LUFTHANSA

Ein neues Flugzeug, speziell eines von der Größe der A380, erfordert auch neue Fahrzeuge auf dem Vorfeld. Dazu gehören leistungsfähigere Schlepper, aber auch neue Cateringfahrzeuge, mit deren Hilfe die Bordverpflegung direkt auf das Oberdeck befördert werden kann. Immerhin befindet sich die Schwelle der Bordtür in einer Höhe von mehr als acht Metern.

Für Jürgen Raps steht fest: „Wenn der Luftverkehr weiter mit fünf Prozent jährlich wächst, wovon wir ausgehen können, dann kann ich mir Wachstum kaum anders vorstellen als mit großem Gerät. Ein Wachstum dieser Art bedeutet weltweit eine Verdoppelung des Luftverkehrs in den nächsten zehn Jahren. Da stoßen wir überall an Kapazitätsgrenzen. Da drängt sich die A380 förmlich auf." Man kann es aber auch so formulieren, wie es Wolfgang Mayrhuber vor ein paar Jahren anläßlich des 100. Jubiläums der Wright-Flüge salopp artikuliert hatte: „100 Jahre nach dem ersten Motorflug geht es eigentlich erst richtig los."

Trotz der stark verspäteten Auslieferung ihrer ersten doppelstöckigen Riesen, die auch die deutsche Airline vor erhebliche logistische Probleme gestellt hatte, sieht man dem Einsatz des Airbus A380 im weltweiten Streckendienst mit großen Erwartungen und Hoffnungen entgegen. Nichtsdestotrotz betont Jürgen Raps, Mitglied des Bereichsvorstands Passage und Chefpilot in einer Person: „Wir hätten unsere ersten A380 gern früher bekommen. Wir hatten sie, nachdem wir uns mit der ersten Auslieferungsverspätung notgedrungen abgefunden hatten, bereits ein Jahr vorher fest eingeplant. Wir hätten uns schon ein besseres Projektmanagement gewünscht, und wir wissen auch von anderen Airlines, dass sie ihre erste A380 gern früher bekommen hätten. So aber wird die Lufthansa 2010 insgesamt vier A380 erhalten, für 2011 ist die Indienststellung von ebenfalls vier Exemplaren vorgesehen, 2012 und 2013 wird jeweils ein Flugzeug folgen. Alle weiteren Auslieferungen sind terminlich noch nicht definiert."

Gründliche Vorbereitung

„Wir haben uns sehr gründlich, gewissenhaft und verantwortungsbewusst auf die Einführung dieses Großraumlangstreckenflugzeuges in unser Flottensystem vorbereitet. Wir haben von Anfang an mit einem eigenen Projektteam intensiv mitgearbeitet", erklärt Jürgen Raps. Dass andere Airlines vor der Lufthansa ihre ersten A380 in Toulouse und Hamburg erhielten, berührt den deutschen Chefpiloten nicht sonderlich: „Wir waren oft genug Launching Customer der ersten Stunde und mussten so manches Mal mit den obligaten ‚Kinderkrankheiten' fertig werden. Diesmal hat es andere getroffen. Doch damit muss man als Erstkunde rechnen. Wir hatten diesmal wenigstens den Vorteil, dass wir in Ruhe abwarten und uns konzentriert auf die Auslieferungen vorbereiten konnten."

Die Einführung des Airbus A380 war für die deutsche Airline eine beispiellose logistische und technische Herausforderung. Rund ein Dutzend Ingenieure arbeitete bereits seit 2001 im Rahmen der verschiedenen „Customer Focus Groups" an der Spezifikation und Entwicklung des „europäischen Jumbos" mit. Nicht weniger als 40 Fachbereiche der zweitgrößten europäischen Fluggesellschaft sind in die vielfältigen Vorbereitungsarbeiten einbezogen worden. „Vor allem hat es sich bewährt, dass Ulrich Hohl gut drei Jahre lang in Toulouse – vom Februar 2003 bis 2006 – ganz speziell für die Kooperation mit Airbus abgestellt war." So Jürgen Raps. Für die Koordination aller Aufgaben wurde eine eigene Task Force aus Technik und Flotte mit 20 qualifizierten Personen gebildet. Wobei es dabei immer wieder darauf ankam, parallel zu arbeiten. Die Umschulung der Kapitäne und Kopiloten beispielsweise erfolgte noch, während in Hamburg-Finkenwerder zur gleichen Zeit schon die „Frankfurt am Main" und die „München", die mit dem olympischen Logo für die Winterspiele 2018 in München wirbt, um die sich Deutschland beworben hat, ihre Innenausstattungen und Lackierungen erhielten.

Allein für den Innenausbau der „Mike Alpha", wie die „Frankfurt am Main" im Luftfahrer-Jargon nach ihrem amtlichen Kennzeichen kurz und bündig genannt wird, waren über 15.000 Personenstunden notwendig. Unter der Leitung des Airbus-Managers Christian Polleit nahmen rund 90 Mitarbeiter – Handwerker der verschiedensten Couleur, allen voran Elektriker und Mechaniker – im Dezember 2009 ihre Arbeit auf. Oft wurde rund um die Uhr gearbeitet. Die unverkleideten Wände der Kabine und ein Labyrinth aus Rohren, Kabeln und Schläuchen verschwanden in imponierendem Tempo hinter Verschalungen, Dekorfolien, Bordküchen oder Teppichbelägen. Christian Polleit berichtete stolz: „Viele meiner ‚Jungs' haben sich freiwillig für die Arbeit an der ‚Mike Alpha' gemeldet. Die Begeisterung war riesengroß. Auch sie konnten sich der Faszination des Riesenfliegers nicht entziehen." Für die Abnahme der „Mike Alpha" war der Hamburger Flugzeugbau-Ingenieur Heiner Krämer, Lufthansa-Repräsentant bei Airbus in Finkenwerder, ver-

GRÜNDLICHE VORBEREITUNG

antwortlich. Seine Maxime: „Lufthansa kauft kein Flugzeug von der Stange. Airbus muss unsere Vorgaben bis ins letzte Detail erfüllen." Rigoros inspizieren die zuständigen Inspektoren die fertige Kabine des neuen Lufthansa-Jets bis in die letzten Winkel. „Erst wenn ihr Urteil zu 100 Prozent positiv ausfällt, ist die Kabine perfekt. Wenn ich nicht vollends überzeugt bin, dann darf ich nicht unterschreiben", so Krämer. Erst wenn der Daumen Heiner Krämers, der seit 1975 für Lufthansa arbeitet, nach oben zeigt, wechselt der Airbus A380, der aus nicht weniger als 3,5 Millionen Einzelteilen von 5.000 verschiedenen Zulieferern besteht, endgültig in den Besitz der Deutschen Lufthansa. Krämers Fazit: „Wir haben ja schon etliche Maschinen von Airbus abgenommen, aber hier ist vieles neu – und es ist eben die erste A380 für uns." Allein die Endabnahme, die bei kleineren Airbus-Typen gewöhnlich drei Tage dauert, veranschlagt die Lufthansa bei der A380 auf zehn Tage. Jeder Arbeitsvorgang, jede Kontrolle wird dokumentiert und protokolliert. Bei dem 58-jährigen Routinier laufen alle Fäden zusammen. „Ich bin quasi Integrationsperson", stellt der Diplom-Ingenieur sachlich fest, „und ich nehme alle Prüfungsergebnisse ab – auch der Abnahmeflug durch den Technischen Piloten der Lufthansa gehört dazu." Erst wenn alle Prüflisten abgehakt sind, tritt Heiner Krämer noch ein letztes Mal in Aktion und besiegelt die Übernahme – vorher muss der Airbus allerdings von der Deutschen Lufthansa bezahlt sein.

Auch die anfangs noch grüne Haut des vierstrahligen Riesen muss mit großer Fachkenntnis und Erfahrung behandelt werden. Der Rumpf, der eine Oberfläche von 3.500 Quadratmetern hat, und die Tragflächen, jede so groß wie ein Handballfeld, müssen von rund 150 Airbus-Mitarbeitern in Hamburg-Finkenwerder zweieinhalb Wochen lang lackiert werden – das 15 Meter hohe Leitwerk mit dem fünf Quadratmeter großen Kranich wurde schon zuvor in Stade bei Hamburg bemalt. Allein die Vorbereitung des Flugzeugs für die aufwendige Lackierung dauert vier Tage. Dazu gehört auch das Verkleben von 220 Fenstern. Am Ende müssen fünf Lackschichten auf die Außenhaut der A380 aufgetragen werden, die Temperaturschwankungen von minus 60 Grad Celsius bis zu plus 60 Grad Celsius bei einer Reisegeschwindigkeit von über 900 Stundenkilometern gewachsen sind. Dabei ist der komplette Anstrich am Ende trotz alledem nicht viel dicker als ein menschliches Haar. Mit anderen Worten: präzise Feinarbeit. Das Ansprühen einer Schicht dauert dabei nur eine Stunde. 650 Kilogramm Farbe werden auf jede A380

Die Rose für jeden Passagier bleibt, aber sonst ändert sich eine ganze Menge. Mit Indienststellung der A380 führt Lufthansa eine neue First Class ein, die sich stilistisch an die Gestaltung des Frankfurter First-Class-Terminals beziehungsweise der First-Class-Lounges sowie der Flugzeuge von Lufthansa Private Jet anlehnt (oben rechts). Der geräumige Rumpf des Airbus-Riesen gestattet zudem den Einbau großzügiger Waschräume für die acht Fluggäste der Ersten Klasse (oben links). Auf derartige Annehmlichkeiten müssen die maximal 420 Reisenden in der Economy Class naturgemäß verzichten (unten links). Immerhin wird es aber – anders als im bisherigen Lufthansa-Flaggschiff Boeing 747-400 – individuelle Bildschirme in den Rückenlehnen der jeweiligen Vordersitze geben. Allgemein war erwartet worden, dass der Kranich die in die Jahre gekommene Business Class für die A380 überarbeiten würde, zumal das Kabinenprodukt für den Geschäftsreisenden bei vielen anderen Airlines inzwischen deutlich moderner und komfortabler daherkommt. Doch die neue Business-Class-Bestuhlung wird erst mit der Boeing 747-8 eingeführt. Zumindest die ersten vier Lufthansa-A380 werden daher noch 98 jener Sitze erhalten, die bereits aus A330/A340 und 747-400 bekannt sind.

DIE LUFTHANSA

A380-Pilot Jürgen Raps

Fliegen ist sein Leben. Schon im Alter von 15 Jahren wurde Jürgen Raps, Jahrgang 1951, Segelflieger. Am 1. September 1970 wurde er in den 62. Nachwuchsflugzeugführerlehrgang (NFF) der Verkehrsfliegerschule der Deutschen Lufthansa in Bremen aufgenommen. Aus dem einstigen Zögling der Schule wurde 20 Jahre später ihr Chef. 1994 wurde Jürgen Raps Boeing-737-Flottenchef und am 1. April 1997 Lufthansa-Chefpilot. Am 1. September 2007 übernahm Raps, der zu den ersten vier Linienpiloten weltweit gehörte, die eine A380-Lizenz erwarben, die Position Bereichsvorstand Operations der Lufthansa Passage Airlines. Seiner Heimatstadt Bayreuth ist der begeisterte „Wagnerianer", der auf rund 19.000 Flugstunden, davon über 100 auf dem Airbus A380, zurückblicken kann, immer treu geblieben. Wenn alljährlich der „Hügel" ruft, zieht es den musikbegeisterten Flieger immer wieder zurück ins Frankenland – soweit es sein Job ermöglicht.

verteilt. Das besorgen 24 Arbeiter auf zwölf Arbeitsbühnen. Heutzutage hält eine A380-Lackierung sechs bis neun Jahre.

Europas größte Flugzeughalle

Bereits im Januar 2008 war auf dem Rhein-Main-Flughafen in Frankfurt eine imposante A380-Wartungshalle von der Lufthansa Technik eröffnet worden. In diesem Hallenkomplex können auf 25.000 Quadratmetern Fläche zwei Airbus A380 oder drei Boeing 747 gleichzeitig gewartet werden. In einem zweiten Bauabschnitt wird die Kapazität dieser Halle bis zum Jahre 2015 auf insgesamt vier Airbus A380 vergrößert. Dann wird dieser Bau Europas größte Flugzeughalle sein. Das Investitionsvolumen liegt bei stolzen 150 Millionen Euro. Zufrieden kommentierte August Wilhelm Henningsen, der Vorstandsvorsitzende der Lufthansa Technik, die Eröffnung dieser Wartungshalle mit der Aussage: „Die A380 übertrifft mit ihren Ausmaßen alle bisher bekannten Flugzeugdimensionen. Mit der neuen Halle stehen uns nun die erforderlichen Kapazitäten zur Verfügung." Mit anderen Worten: Die Lufthansa Technik war für die Wartung und Betreuung des vierstrahligen Riesen schon sehr früh gerüstet – gut zwei Jahre vor der ersten Übernahme einer A380 durch die Deutsche Lufthansa. Auch dieser neue große Hangar gehört zur generellen Vorbereitung auf die technische Betreuung der A380. Bereits Jahre zuvor war mit der Ausbildung von Ingenieuren und Mechanikern begonnen worden. Neben der Frankfurter A380-Halle steht in Beijing beim deutsch-chinesischen Joint Venture Ameco ein weiteres A380-Wartungszentrum zur Verfügung. Und die weltweite Versorgung mit Geräten und Komponenten für alle A380-Kunden bietet das gemeinsam mit Air France gegründete Hamburger Unternehmen Spairliners an.

Doch auch die Lufthansa-Tocher LSG Sky Chefs – ein anderes Beispiel – war schon lange vor der Übernahme der ersten A380 gefordert. Eigens für die A380 mussten die 600 Hubwagenfahrer der LSG für ihr neues Catering-Fahrzeug geschult werden: Ein 14 Meter langer und 3,20 Meter breiter Hubwagen, dessen Container-Aufsatz auf eine Höhe von fast neun Metern ausgefahren werden kann. Normale Catering-Fahrzeuge schaffen nur sechs Meter. Mike Pfannenmüller, verantwortlich in Frankfurt für den Airbus A380 bei LSG Sky Chefs: „Genau richtig für das Oberdeck der A380. Die Unterkante der Tür liegt bei 8,40 Metern." So ganz nebenbei: Dieses neue A380-Catering-Fahrzeug ist ein wahres Kraftpaket und hat 250 PS unter der Haube. Mit der A380-Einführung standen in Frankfurt vier dieser „Kraftprotze" zur Verfügung; später werden es elf sein.

Mit gleicher Sorgfalt wurden die Piloten auf das neue Flaggschiff der größten deutschen Fluggesellschaft vorbereitet und trainiert. Ulrich Hohl ist mittlerweile Trainingschef für die Langstreckenflotte der Lufthansa und mit dem Airbus A380 so gut vertraut wie kein zweiter Lufthansa-Pilot. Entsprechend kam ihm beim A380-Schulungsprogramm eine Schlüsselrolle zu. Unter seiner Regie fand das Training für die meisten der neuen A380-Piloten statt.

Dieses Training für alle A380-Kapitäne und Ersten Offiziere wurde besonders groß geschrieben, wie Jürgen Raps erläutert: „Dieser Airbus ist letztlich doch ein ganz anderes Flugzeug, auch wenn es im Cockpit natürlich viele Gemeinsamkeiten gibt. Der Airbus A380 ist ein immenser Qualitätssprung und schon deshalb eine ganz große neue Herausforderung für alle Piloten. Vor allem aber ist dieses Flugzeug auch operationell eine sehr große Herausforderung. Ich meine nicht nur die Abfertigung an den Airports; das bekommen die Flughäfen schon hin. Aber beispielsweise verlangen auch alle Bodenbewegungen ein erhebliches Umdenken für alle Beteiligten. Auch technologisch gibt es bei der A380 mehr zu erfassen als beim Airbus A340. Nicht zuletzt die Emergency-Manöver."

Zumindest die Piloten für die ersten acht Lufthansa-A380 kommen komplett von der A340-Flotte, und es ist vorgesehen, dass sie vorerst auch weiterhin auf dem anderen vierstrahligen Airbus eingesetzt werden (können). Der Erwerb der Ausbilderlizenz auf der A380 bedingt ein einwöchiges Training innerhalb der normalen Umschulung auf den großen Flieger, die für Ausbilder insgesamt vier, für „normale" Kapitäne rund acht Wochen dauert. 34 Ausbilder waren notwendig für den Aufbau der A380-Flotte.

Grundsätzlich umfasst die Ausbildung der Piloten 36 Stunden im Flugsimulator. Zum praktischen Ausbildungsprogramm gehören zudem acht (Linien-)Flüge; für künftige Ausbilder stehen zusätzlich drei Landungen auf dem Programm. Einer der wichtigsten A380-Trainingsplätze ist übrigens Leipzig.

Die verspätete Auslieferung hat Lufthansa auch hier einiges Kopfzerbrechen bereitet: „Ich weiß gar nicht, wie oft wir wegen der Verzögerungen in den letzten Jahren unsere ganze Trainings- und Kapazitätsplanung vollständig neu aufgesetzt haben. Das ging bis zur Flugschule in Bremen zurück", so Jürgen Raps.

25 Piloten für jede A380

Für den Airbus A380 gibt es bei der Deutschen Lufthansa eine einfache Faustregel: Pro Flugzeug werden 25 Piloten benötigt. Das waren im ersten Jahr 100 Flugkapitäne und Kopiloten. Langfristig sind für die 15 Lufthansa-A380 also gut 400 Flugkapitäne und Kopiloten erforderlich.

Wer aber wird A380-Pilot bei der Deutschen Lufthansa? Raps: „Im Grunde kann sich jeder unserer Flugzeugführer bewerben. Auch die Piloten unserer Töchter. Aber das ist letzten Endes pure Theorie. Entscheidende Bedeutung hat erst einmal – wie üblich in unserem Konzern – die Seniorität. Und dann sind zwangsläufig zuerst die Piloten im Vorteil, die vom Airbus A340 kommen. Aber das wird sich mit der Zeit etwas ausgleichen." Der ehemalige A340-Kapitän Ingo Tegtmeyer, lange Jahre verantwortlicher Operationschef der interkontinentalen Lufthansa-

EIN TABU-THEMA

Flotte und bis zu seiner jüngst erfolgten Pensionierung A380-Projektleiter, hatte schon vor Jahren, als der Airbus A380 noch ferne Zukunftsmusik für die Lufthanseaten war, festgestellt: „Das Interesse unter unseren Piloten ist riesengroß. Das Flugzeug fasziniert alle." Und Jürgen Raps ergänzt: „Zwei Gesichtspunkte spielen eine ganz wesentliche Rolle. Da ist einerseits die große Herausforderung, das fliegerische Erlebnis schlechthin, die elementare Technik dieses riesigen neuen Flugzeugs. Das reizt natürlich jeden Piloten. Auf der anderen Seite darf sich keiner, der die A380 fliegen will, Illusionen hingeben. Viel werden diese Piloten von der Welt nicht sehen – die meisten von ihnen kennen allerdings die Welt schon ziemlich gut. Unsere A380 werden in den ersten Jahren nicht so viele Großstädte in der Welt anfliegen. Ostasien und Nordamerika stehen zwangsläufig auf mittlerer Sicht gesehen im Vordergrund. Wir gehen heute von der Maxime aus: Ein Flugzeug – eine Destination. Anders lässt sich das A380-Streckennetz nicht bewältigen. Oder anders herum: Mit jeder neuen A380 kommt im Grunde eine neue Destination hinzu."

Wobei die ersten Ziele erst vergleichsweise spät festgelegt wurden, unter anderem, weil sich die Verhandlungen um Strecken- und Überflugrechte lange hingezogen hatten. Bedient werden in der Anfangsphase die Destinationen Tokio-Narita (mit den Flugnummern LH710 und LH711), Beijing und Johannesburg, zunächst jeweils nur dreimal wöchentlich, mit der Indienststellung weiterer Flugzeuge dann teilweise auch täglich. Auf dem „Wunschzettel" ganz oben standen – und stehen – darüber hinaus noch Schanghai sowie auf dem nordamerikanischen Markt Miami, New York und San Francisco. Ihre Stunde wird dann vermutlich mit Auslieferung der zweiten A380-Tranche 2011 schlagen.

Schon frühzeitig hatten die Lufthanseaten 18 potenzielle A380-Destinationen auf ihre Eignung hin untersucht und hausintern einer gründlichen und systematischen Bewertung unterzogen. Immerhin steht jetzt auch fest: Es wird so gut wie keine Mixed-Fliegerei mehr geben, wie es immer wieder bei vielen Airlines beispielsweise zwischen den A320- und A340-Flotten praktiziert worden ist. Jürgen Raps: „Es macht keinen Sinn, auf einer Strecke zwischen der A330/A340-Flotte und der A380-Flotte zu wechseln. Das lässt sich netzmäßig gar nicht mehr ordentlich arrangieren."

Ein Tabu-Thema

Der „Europäische Riese" verstärkt bei Lufthansa und anderen Fluggesellschaften ein Problem, über das sich die Luftfahrt bis vor wenigen Jahren – im Gegensatz zur Schifffahrt – noch keine ernsthaften Gedanken gemacht hatte beziehungsweise zu machen brauchte. Dieses „heiße Eisen" wurde höchstens hinter vorgehaltener Hand erörtert. Das ist jetzt wohl endgültig vorbei. Schon heute ist beispielsweise die Deutsche Lufthansa durchschnittlich einmal pro Woche gezwungen, eine unprogrammäßige Zwischenlandung aus medizinischen Gründen vorzunehmen. Jürgen Raps: „Das wird künftig bei unseren großen Langstreckenflugzeugen nicht weniger werden. Darauf müssen wir uns einrichten. Nicht nur wir." Das gilt tatsächlich für alle, die den Airbus A380 betreiben. Zumal die Zahl älterer Passagiere weltweit stetig zunimmt.

Bereits im Januar 2008 wurde am Frankfurter Flughafen ein neuer Wartungshangar der Lufthansa Technik eröffnet, der bei einer Größe von 180 mal 140 Metern die gleichzeitige Unterbringung von zwei A380 gestattet. Die Innenhöhe von 27,5 Metern gestattet es, eine immerhin rund 24 Meter hohe A380 zu Wartungszwecken aufzubocken. Falls Bedarf besteht, kann der Hangar in einem weiteren Bauabschnitt auf insgesamt 350 Meter verbreitert werden, was die Fläche auf rund 49.000 Quadratmeter nahezu verdoppeln würde.

A380 im Anflug: 2010 und 2011 übernimmt Lufthansa je vier A380, in den beiden Folgejahren wird jeweils ein Exemplar des größten Verkehrsflugzeugs der Welt bei der deutschen Fluggesellschaft in Dienst gestellt (folgende Doppelseite).

DIE LUFTHANSA

EIN TABU-THEMA

Die Flughäfen
Bereit für den Super-Jumbo

SONDERLÖSUNG

Wer zum ersten Mal vor der A380 steht, dem fallen fast zwangsläufig Begriffe wie „gewaltig", „riesig" oder „beeindruckend" ein. Die Mitarbeiter der internationalen Zivilluftfahrtorganisation ICAO mögen ähnlich denken, sie drücken es aber anders aus. Für sie ist die A380 zunächst einmal einfach ein Flugzeug nach „Annex 14, Code F". In dieser im Juli 1999 veröffentlichten Spezifikation werden Flugzeuge beschrieben, deren Spannweite von 65 bis unter 80 Meter und deren Abstand zwischen den äußeren Hauptfahrwerksrädern von 14 bis unter 16 Meter reicht. Zusätzlich werden im „Code F" Vorgaben gemacht, wie die für ein solches Flugzeug geeigneten Flughafeneinrichtungen auszusehen haben. Empfohlen werden beispielsweise eine Breite der Start- und Landebahn von mindestens 60 Metern und zusätzlich so genannte Schulterbereiche von 7,50 Metern Breite zu jeder Seite, um das Ansaugen oder Hochwirbeln von Objekten durch die Triebwerke zu verhindern sowie Rettungsfahrzeugen das Erreichen der Flugzeuge zu ermöglichen. Die Rollwege sollten über eine Breite von 25 Metern verfügen, die Mindestabstände zwischen Rollweg und Start- und Landebahn beziehungsweise zwischen zwei Rollwegen 190 respektive 97,5 Metern betragen. Das Problem dabei: Nur die wenigsten Flughäfen genügen diesen Ansprüchen in allen Belangen; zumeist jene, die erst in jüngster Vergangenheit errichtet oder ausgebaut wurden. Seoul-Incheon gehört dazu, ebenso Hongkong und Kansai in Japan.

Wenngleich das A380-Programm erst Ende 2000 offiziell gestartet wurde, steht das Thema „New Large Aircraft" (NLA) ja nicht erst seit gestern auf der Tagesordnung, wie Studien aus den Neunzigerjahren (unter anderem die MD-12 von McDonnell Douglas oder die A2000 der damaligen Deutschen Airbus) beweisen, sodass Flughafenplaner zumindest erahnen mussten, was eines Tages auf sie zukommen würde, und entsprechende Überlegungen in ihre Konzepte einfließen lassen konnten. Und das gelegentlich auch getan haben, wie Thomas Torsten-Meyer nicht ohne Stolz betont, denn beim 1992 eröffneten neuen Münchener Flughafen wurden, so der Chef der dortigen Verkehrsleitung, „in weiser Voraussicht" 30 Meter breite Rollwege und 60 Meter breite Start- und Landebahnen realisiert. Letztere sind zu beiden Seiten mit einem jeweils sechs Meter breiten stark befestigten Sicherheitsstreifen versehen; umfassende Untersuchungen haben darüber hinaus gezeigt, dass weitere 1,50 Meter rechts und links der Sicherheitsstreifen in ausreichendem Maße belastbar sind.

Sonderlösung

Die Bahnsysteme der meisten älteren internationalen Airports wurden dagegen für Code-E-Flugzeuge wie die Boeing 747 ausgelegt und verfügen über Start- und Landebahnen mit einer Breite von 45 Metern, weshalb die A380 streng genommen weder nach London-Heathrow noch nach Los Angeles oder New York-JFK fliegen dürfte – exakt zu jenen Destinationen also, für deren Bedienung der riesige Airbus hauptsächlich entwickelt wurde.

Weil einerseits Singapore Airlines, Qantas, Lufthansa und Co. kaum auf den Anflug der genannten „Problemflughäfen" verzichten werden, andererseits der Ausbau der luftseitigen Infrastruktur mit teilweise nicht unerheblichen finanziellen Aufwendungen und einer mitunter erheblichen Beeinträchtigung des Flugbetriebs verbunden wäre, haben sich europäische Großflughäfen, Luftfahrtbehörden und Airbus im Rahmen der A380 Airport Compatibility Group (AACG) auf mögliche Abweichungen von den ICAO-Richtlinien geeinigt, die den Betrieb der A380 auch auf Flughäfen, die derzeit noch nicht konform mit Code F sind, gestatten sollen. Demnach ist eine Mindestbreite der Start- und Landebahnen von 45 Metern vorgeschrieben, ergänzt um innere Schultern zu jeder Seite von mindestens 7,50 Metern Breite, die derart befestigt sein müssen, dass sie der gelegentlichen Belastung durch eine A380 standhalten, sowie – nicht notwendigerweise befestigte – äußere Schulterbereiche (Mindestbreite erneut 7,50 Meter). Rollwege dürfen nicht schmaler als 23 Meter sein und müssen in Kurven oder Abzweigungen gegebenenfalls so weit aufgefüllt werden, dass der Abstand zwischen Rollwegrand und äußerem Rad mindestens 4,50 Meter beträgt. Kann ein Flughafen diese abgemilderten Vorgaben erfüllen, ist eine Verbreiterung des Bahnsystems nicht zwingend erforderlich. Weshalb beispielsweise René Steinhaus, von 2004 bis 2007 Leiter des Teams, das am Frankfurter Flughafen die Verantwortung für die Einführung der A380 trägt, zuversichtlich war, dass eines Tages alle drei Bahnen – und nicht nur die 60 Meter breite Nordbahn 07L/25R – für das größte Verkehrsflugzeug der Welt genutzt werden können. Ein Wunsch, der inzwischen in Erfüllung gegangen ist, denn im Juli 2007 konnte Airbus stolz verkünden, dass sowohl die europäische Flugsicherheitsagentur EASA als auch die US-amerikanische Luftfahrtbehörde FAA den Einsatz der A380 von 45 Meter breiten Start- und Landebahnen gestatten.

Willy-Pierre Dupont, als Director Infrastructure and Environment im Rahmen des A380-Programms bei Airbus für Flughafenfragen zuständig, glaubt ohnehin nicht, dass wegen dieser reduzierten Abmessungen und Abstände die Sicherheit auf den Flughäfen beeinträchtigt wird. So verweist er auf einen Rollweg auf dem Flughafen von Los Angeles, der seit mehr als 20 Jahren regelmäßig und bislang ohne jeden Zwischenfall von Boeings 747 genutzt wird, obwohl der Abstand zur aktiven Start- und Landebahn gerade einmal 105 Meter beträgt, während laut Annex 14, Code E immerhin 182 Meter vorgeschrieben sind. Das ist beileibe kein Einzelfall speziell in den USA, wo die 747 auf vielen älteren Airports nur mit Ausnahmegenehmigungen starten und landen darf.

Übrigens ist das Gewicht, so überraschend dies auf den ersten Blick auch scheinen mag, gar nicht das größte Problem

Die Fotomontage zeigt: München ist bereit für die A380. Nicht nur das gemeinsam von Flughafen und Lufthansa errichtete neue Terminal 2, auch die Start- und Landebahnen sowie die Rollwege wären bereits heute in der Lage, den Super-Jumbo aufzunehmen.

Die ersten A380-Flughäfen

Abu Dhabi (AUH)
Auckland (AKL)
Bangkok (BKK)
Dubai (DXB)
Frankfurt (FRA)
Hongkong (HKG)
Kuala Lumpur (KUL)
London-Gatwick (LGW)
London-Heathrow (LHR)
Los Angeles (LAX)
Melbourne (MEL)
Montreal (YUL)
New York-John F. Kennedy (JFK)
Paris-Charles de Gaulle (CDG)
San Francisco (SFO)
Seoul-Incheon (ICN)
Singapur (SIN)
Sydney (SYD)
Tokio-Narita (NRT)

des Airbus-Jumbos. Dank der 20 Hauptfahrwerksräder verteilen sich die maximal 560 Tonnen der A380-800 auf eine vergleichsweise große Fläche, sodass die Belastung von Start- und Landebahnen sowie Rollwegen geringer ausfällt als beispielsweise bei einer Boeing 777-300ER. Allenfalls die Tragfähigkeit der einen oder anderen Rollwegbrücke könnte angesichts der A380-Massen etwas unterdimensioniert sein und daher erhöht werden müssen.

Bei der A380 spielen eher die Position der äußeren Triebwerke wegen der bereits erwähnten Gefahr des Einsaugens oder Aufwirbelns von Gegenständen sowie die Spannweite, die jene der 747-400 um immerhin 15 Meter übertrifft, eine Rolle. Es stimmt also nicht, dass, wo die A380 hinrollt, kein Gras mehr wächst. Aber da, wo die A380 parkt, ist unter Umständen kein Platz mehr für ein anderes Flugzeug, weil die Flügelspitzen in benachbarte Abstellpositionen hineinragen.

Nun ist es für einen Flughafen durchaus nichts Ungewöhnliches, sich auf ein neues Flugzeugmuster einstellen zu müssen. Das war bei den ersten Jets in den 50er-Jahren des vergangenen Jahrhunderts so und natürlich besonders Anfang der 70er-Jahre, als die ersten Boeing 747 auftauchten. Später erforderte der lange Radstand des Airbus A340-600 an vielen Airports die Verbreiterung von Abzweigungen, und die bereits erwähnte Boeing 777-300ER macht aufgrund ihres hohen Gewichts und ihrer entsprechend großen Bodenbelastung hier und da Verstärkungen der Rollwege notwendig. Flughäfen, die die beiden letztgenannten Flugzeuge aufnehmen können, sollten im Allgemeinen, zumindest was Rollwege sowie Start- und Landebahnen angeht, auch mit der A380 keine Probleme haben oder diese mit vergleichsweise geringen Investitionen beseitigen können. Der französische Flughafenbetreiber Aéroports de Paris (ADP) etwa rechnet mit Kosten in Höhe von 110 Millionen Euro, um die Air-France-Heimatbasis Charles de Gaulle A380-gerecht herzurichten – verteilt auf fünf Jahre. Ein dicker Brocken, gewiss, doch einer, der sich angesichts der 500 Millionen Euro, die am größten Flughafen Frankreichs sowieso alljährlich für Ausbau- und Verbesserungsmaßnahmen aufgebracht werden müssen, verschmerzen lässt.

Ohnehin betrachten die meisten Airports die Anpassung der Infrastruktur an die Anforderungen durch „New Large Aircraft" (NLA) wie die A380 als Investition in die Zukunft, zumal für viele von ihnen ein weiteres Wachstum ausschließlich über die Flugzeuggröße möglich ist. So beispielsweise am New Yorker John-F.-Kennedy-Flughafen, der wegen seiner geografischen Lage, die einen Ausbau nahezu unmöglich macht, und aufgrund des seit langem chronisch überlasteten Luftraums den neuen Airbus-Jumbo sehnsüchtig erwartet. Etwa 110 Millionen Dollar will die Port Authority of New York and New Jersey als Eigentümerin des Flughafens investieren, ein Bruchteil der Summe, die für den gesamten Masterplan (zehn Milliarden Dollar) veranschlagt ist. JFK ist übrigens der erste Flughafen, der bei der US-Luftfahrtbehörde FAA eine Ausnahmegenehmigung – genannt „Modification of Standards" (MOS) – für den Betrieb der A380 beantragt und auch bereits erhalten hat. Da es so etwas wie die AACG in den Vereinigten Staaten nicht gibt, muss jeder dortige Flughafen, der die A380 willkommen heißen will, aber die Code-F-Anforderungen – die in den USA im Übrigen ihre Entsprechung in der Airplane Design Group (ADG) VI finden – nicht erfüllt, einen MOS-Antrag stellen. Inzwischen existieren allerdings, basierend auf den MOS-Ersuchen verschiedener Airports, zumindest einige generelle Vorgaben, sodass, wenn die Gegebenheiten auf einem Flughafen denen auf einem anderen vergleichbar sind, Abweichungen vom ICAO-Standard quasi automatisch genehmigt werden können. Dupont ist deshalb zuversichtlich, dass die FAA in naher Zukunft ebenso wie die AACG über ein Paket von Durchführungsbestimmungen für den Einsatz der A380 verfügen und es darüber hinaus, basierend auf den Vorschlägen der AACG und der FAA, eine einheitliche ICAO-Vorgabe für den sicheren Betrieb von A380 „unterhalb" der Code-F-Bestimmungen geben wird.

Doch schon jetzt profitieren die US-Airports von der Möglichkeit von Ausnahmeregelungen. Statt Adaptionskosten in Höhe von jeweils mehr als einer Milliarde Dollar für ein vollständig Code-F-konformes Bahnsystem sind in Los Angeles, San Francisco und New York nun nur noch 50, 25 beziehungsweise die bereits genannten 110 Millionen Dollar fällig.

Und weil nach jahrelangen Verzögerungen endlich alle zuständigen Stellen dem Masterplan zugestimmt hatten, konnten die geplanten Investitionen am Los Angeles International Airport sogar rechtzeitig in Angriff genommen werden. Zur großen Erleichterung der Airlines; schließlich ist „LAX" eines der ersten Ziele auf der Landkarte vieler künftiger A380-Betreiber. Am Tom Bradley International Terminal stehen inzwischen zwei Gates (Nr. 101 im südlichen und Nr. 123 im nördlichen Teil) für den Airbus-Jumbo zur Verfügung.

Wie viele Brücken sollen es sein?

Womit auch schon die zweite große Herausforderung für die Flughäfen angesprochen wäre. Denn während die Nutzung bestehender Start- und Landebahnen sowie Rollwege wie gesehen notfalls mit geringfügigen Veränderungen oder Ausnahmegenehmigungen möglich ist, muss bei den Abfertigungseinrichtungen einfach alles „passen". Dies gilt für den Platz, den die A380 mit ihren fast 80 Meter Spannweite am Terminal benötigt, und das gilt ebenso für die Fluggastbrücken, über die die Passagiere an und von Bord gelangen.

Immerhin haben inzwischen fast alle wichtigen internationalen Luftverkehrsdrehkreuze – und nur für die wird der Mega-Airbus anfänglich überhaupt ein Thema sein – Terminalpositionen ausgewiesen, an denen die A380 abgefertigt werden kann. In München sind es zwei am neuen Terminal 2 sowie eine am Terminal 1, aber „gehen Sie davon aus, dass wir auch in der

WIE VIELE BRÜCKEN SOLLEN ES SEIN?

Die erste A380-Landung außerhalb Frankreichs fand am 29. Oktober 2005 in Frankfurt statt. Morgens kurz vor 9 Uhr landete die zweite A380 mit der Seriennummer MSN004 und dem Kennzeichen F-WWDD auf dem Rhein-Main-Flughafen. Einen Tag lang wurde die komplette Abfertigung des Super-Jumbos getestet – das Andocken von Fluggastbrücken an Haupt- und Oberdeck ebenso wie die Ver- und Entsorgung sowie das Enteisen. Das 1994 eröffnete Terminal 2, an dem die A380 bei diesen Versuchen andockte, wurde von vornherein auf die Anforderungen künftiger großer Passagierflugzeuge ausgelegt. Es verfügt inzwischen über vier A380-taugliche Positionen.

ersten Phase jederzeit in der Lage sein werden, fünf Positionen zu aktivieren", gibt sich Thomas Torsten-Meyer zuversichtlich.

Am Frankfurter Terminal 2, 1994 als erstes Abfertigungsgebäude weltweit für die kommende Generation von Großraumflugzeugen konzipiert, existieren mit D4, E2, E5 und E9 vier A380-taugliche Positionen. Etwas schwieriger gestaltete sich die Situation am Terminal 1, das – 1972 eröffnet – ursprünglich für die Boeing 707 entwickelt und dann während der Bauphase an die mehr als doppelt so große 747 angepasst wurde. Die ersten drei A380-Gates stehen dort seit Sommerflugplan 2008 am so genannten C/D-Riegel zwischen den Terminals 1 und 2 zur Verfügung. C14, C15 und C16 besitzen je drei Fluggastbrücken und innerhalb des Gebäudes zwei Ebenen, so dass Premium- und Economy-Flugreisende getrennt warten können. Am so genannten B-Stern, der ja von Anfang an auch „Heimat" der Jumbos war, gibt es rechtzeitig zur Indienststellung der A380 bei Lufthansa mit B26, B28 und B46 drei für den Riesen-Airbus geeignete Positionen.

In London-Heathrow musste gar zur Abrissbirne gegriffen werden. Zwar wurde auf dem größten europäischen Flughafen erst vor kurzem das komplett neue Terminal 5 in Betrieb genommen, doch erstens sollten die ersten A380-Flüge schon vor dessen Eröffnung 2008 in London landen, und zweitens wird es exklusiv von British Airways genutzt. Deshalb wurde der bisherige Pier 6 am vorwiegend für internationale Flüge genutzten Terminal 3 abgerissen. Ab Anfang 2006 standen am an seiner Stelle errichteten neuen Pier 6 vier A380-taugliche Gates mit Warteräumen für insgesamt 2.200 Fluggäste zur Verfügung. 105 Millionen Pfund kostete der Neubau; insgesamt lässt sich der Flughafenbetreiber BAA die Vorbereitung auf den Airbus-Jumbo sogar 450 Millionen Pfund (knapp 670 Millionen Euro) kosten.

Wer so viel Geld investiert, will sichergehen, dass die damit geschaffenen Einrichtungen nicht nur auf ein Flugzeug zugeschnitten sind, sondern in der restlichen Zeit auch von anderen Mustern genutzt werden können. Hier bietet die große Spannweite der A380 sogar Vorteile, denn bei geeigneter Planung des Gates, sowohl innerhalb des Gebäudes als auch hinsichtlich der Platzierung der Fluggastbrücken, können entweder eine A380 oder gleichzeitig zwei Code-C-Flugzeuge wie Boeing 737 oder Airbus A320 andocken.

In Zürich wurde das 2003 eröffnete Dock E von vornherein so geplant, dass es mit relativ wenig Aufwand für den Airbus-Jumbo nutzbar gemacht werden kann. Die Flughafenbetreiberin Unique hat für die zwei A380-geeigneten Stellplätze an den Kopfenden des Docks verschiedene Ausbauarten vorgesehen. Bei beiden Varianten ist ein gleichzeitiges Ein- beziehungsweise Aussteigen auf Ober- und Hauptdeck möglich, wobei in einem Fall auch innerhalb des Gebäudes zwei Ebenen und damit zwei getrennte Schalter genutzt werden.

Exakt dies war die zentrale Frage, die es vor der Indienststellung der A380 zu klären galt: Sollen Ober- und Unterdeckpassagiere bereits im Terminal beziehungsweise in der Abflughalle getrennt werden oder erst in den vorgelagerten Fluggastbrückengebäuden oder womöglich gar nicht, weil

DIE FLUGHÄFEN

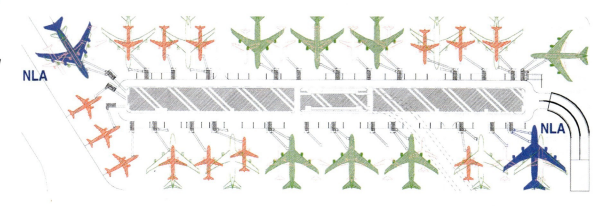

oben: London-Heathrow wird zumindest in der ersten Zeit der europäische Flughafen mit den meisten A380-Flugbewegungen sein, denn der britische Hauptstadt-Airport gehört zu den Zielen, die von den A380-Erstkunden Singapore Airlines und Qantas angeflogen werden sollen.

rechts: In Zürich wurden am 2003 eröffneten Dock E zwei Standplätze für den Airbus-Jumbo vorgesehen. Die Verantwortlichen kann man angesichts dieser vorausschauenden Planung nur beglückwünschen, denn 2010 wurde die Schweizer Metropole – relativ überraschend – von Singapore Airlines in ihr A380-Streckennetz aufgenommen.

nämlich das Ein- und Aussteigen komplett über die Türen des Hauptdecks abgewickelt wird? Airbus jedenfalls hat die A380 so konzipiert, dass sie prinzipiell dieselben Parkpositionen nutzen kann wie eine 747, das heißt, dass alle Passagiere durch die vorderen beiden Türen des Hauptdecks (M1L und M2L) an und von Bord gehen können.

Viele Fluggesellschaften favorisieren jedoch eine Lösung mit direktem Oberdeckzugang, um einerseits die Bodenzeiten gering zu halten, andererseits die Premium-Passagiere von den übrigen Reisenden zu trennen. Auch für Fluggäste mit eingeschränkter Mobilität wäre diese Lösung wünschenswert. Nach derzeitigem Stand der Planungen werden fast alle großen Flughäfen deshalb je eine Fluggastbrücke zum Haupt- und Oberdeck führen, wenn sie nicht gleich drei Brücken installieren, wie es an Airports mit einem hohen Umsteigeraufkommen, beispielsweise in Paris, London, Sydney, Dubai oder Singapur, vorgesehen ist. Eine solche Lösung, die deutlich geringere Bodenstandzeiten ermöglichen würde, ist natürlich durchaus im Sinne der Fluggesellschaften, solange sie nicht dafür zahlen müssen.

An den Herstellern der Fluggastbrücken soll es jedenfalls nicht scheitern. Die haben auf ihren Computern längst geeignete Konzepte parat. Zumal bei einigen der neueren Brücken nur die Hubvorrichtung ausgetauscht oder verlängert werden muss, um das Oberdeck zu erreichen. Und mit freitragenden Konstruktionen, wie sie beispielsweise von ThyssenKrupp oder TEAM konzipiert worden sind, könnte sogar über den Flügel hinweg die Tür 2 auf dem Oberdeck erreicht werden.

Die Passagiere, die durch zwei, drei oder möglicherweise gar vier Türen ihr Flugzeug verlassen haben, dürfte anschließend die Frage beschäftigen, wie lange sie auf ihr Gepäck warten müssen. Angesichts der um etwa 35 Prozent gegenüber der Boeing 747-400 gestiegenen Sitzplatzzahl spricht viel dafür, die Gepäckbänder um etwa den gleichen Faktor zu vergrößern, also ein 50-Meter-Band durch eines von 70 Metern Länge zu ersetzen oder ein 70-Meter-Band durch ein 90 Meter langes. Alternativ wären auch eine höhere Bandgeschwindigkeit oder die Nutzung von zwei separaten Gepäckbändern denkbar, für First- und Business-Class-Passagiere auf der einen und Economy-Reisende auf der anderen Seite – sofern sichergestellt werden kann, dass die Koffer vom Bodenpersonal auch richtig zugeordnet werden. Willy-Pierre Dupont ist allerdings der Meinung, dass sich das Problem auch durch eine bessere Organisation des gesamten Gepäckaufnahmevorgangs lösen lässt. Indem nämlich Passagiere nicht mehr mit dem Gepäckwagen direkt an das Gepäckband heranfahren dürfen und die Koffer immer mit dem Griff zum Passagier auf dem Band liegen ...

Nicht zuletzt um herauszufinden, welche Auswirkungen der Einsatz einer A380 auf den restlichen Flugbetrieb hat und ob die eigenen Einrichtungen den neuen Anforderungen gerecht werden, waren die Flughäfen erpicht auf einen möglichst frühzeitigen Besuch des Airbus-Jumbos, am besten schon während der A380-Airport-Tests, die noch 2005 aufgenommen wurden, spätestens aber im Rahmen der so genannten „Route-Proving-Flüge", die Monate vor der ersten Indienststellung stattfanden. Schließlich sollte alles passen, als die neuen Flaggschiffe von Singapore Airlines, Emirates oder Qantas ab 2007/2008 mit ihren jeweils 500 und mehr Passagieren hereinschwebten. Zwar erwartete beispielsweise Frankfurt keine regulären A380-Linienflüge vor 2010, aber als Ausweichflughafen für London-Heathrow wollte man bereits ein Jahr zuvor die entsprechende Infrastruktur vorhalten.

Alles klar rund um das Flugzeug

Es sind jedoch nicht allein die stationären Einrichtungen eines Flughafens, die an die Dimensionen des Airbus-Riesen angepasst werden mussten. Vor einer großen – vielleicht sollte man besser sagen: hohen – Herausforderung standen dabei die Hersteller von Cateringfahrzeugen und Frachtladevorrichtungen. Obwohl bis zur Indienststellung der A380-800F noch ein paar Jahre ins Land gehen werden, wurde die Entwicklung geeigneter Hubwagen zur Be- und Entladung des Oberdecks mit Cargocontainern ebenso vorangetrieben wie die Frage der kulinarischen Versorgung von 500 und mehr Passagieren. Theoretisch könnten die Bordküchen zwar über die Türen auf dem Hauptdeck ver- und entsorgt werden, da zwei Lastaufzüge den Transport zwischen Haupt- und Oberdeck gewährleisten, doch praktisch dürfte ein derartiges Vorgehen erhebliche Auswirkungen auf die Bodenzeiten haben. Speziell wenn in der oberen Etage Premium-Passagiere mit entsprechend höherem Cateringaufwand untergebracht werden. Weshalb Airbus und die Fluggesellschaften die Nutzung der Tür 1 (U1R) auf der rechten Seite des Oberdecks favorisieren. Keine leichte Aufgabe, nicht nur wegen der großen Höhe (gut acht Meter), auf die die Arbeitsplattform ausgefahren werden und dort Windgeschwindigkeiten von 70 und mehr Stundenkilometern trotzen muss. Es ist darüber hinaus auch eine Platzfrage, denn auf der rechten Flugzeugvorderseite tummeln sich noch andere Versorgungsfahrzeuge – für die Kabinenreinigung (Tür M1R), für die

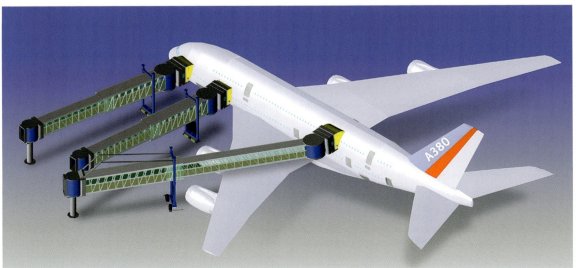

Airbus hat die A380 so konzipiert, dass alle Passagiere in vertretbarer Zeit über die beiden vorderen Türen des Hauptdecks an und von Bord gehen können, sodass für die Abfertigung des europäischen Riesen unter Umständen bestehende Boeing-747-Gates ausreichen.
Die meisten Fluggesellschaften wünschen jedoch einen direkten Zugang zum Oberdeck, und so wie in Sydney (Foto oben) werden voraussichtlich auf fast allen großen Luftfahrtdrehkreuzen drei Fluggastbrücken – zwei für das Haupt-, eine für das Oberdeck – zum Einsatz kommen.
Die Hersteller haben darüber hinaus schon längst Konzepte entwickelt, wie auch die hinteren Türen genutzt werden können.

DIE FLUGHÄFEN

Be- und Entladung des Unterdeckfrachtraums und für das Hauptdeckcatering (M2R). Da bleiben keine großen Abstände, zumal auch noch eine gewisse Distanz zu Flügel und Triebwerk eingehalten werden muss. Airbus hat deshalb ebenso wie mehrere Hersteller von Cateringfahrzeugen Rumpfmodelle im Maßstab 1:1 errichtet, an denen die Möglichkeit des Oberdeckcaterings erprobt und nachgewiesen werden konnte. Die ersten Prototypen entsprechender Fahrzeuge existieren schon zum Zeitpunkt des Erstflugs, sodass bei der Indienststellung Ende 2007 sicher gestellt war, dass die A380-Passagiere nicht nur reibungslos an Bord gelangen, sondern dort anschließend auch ausreichend verköstigt werden konnten.

Auch hinsichtlich der übrigen benötigten Versorgungsfahrzeuge, des so genannten „Ground Support Equipments", konnte Airbus frühzeitig Entwarnung geben. Im Prinzip, so hieß es in Toulouse, existierten alle erforderlichen Fahrzeuge und Gerätschaften bereits oder konnten mit minimalen Modifikationen A380-tauglich gemacht werden. Das galt beispielsweise für die Enteisungsfahrzeuge, die schon in ihrer bestehenden Form hätten verwendet werden können, aber – um Zeit und Enteisungsflüssigkeit zu sparen – idealerweise an das im Vergleich zur 747-400 um fünf Meter höhere Seitenleitwerk angepasst werden sollten.

Das gilt grundsätzlich auch für jene Schwergewichte, die die gewaltigen Massen des Super-Jumbos bewegen, wenn dessen Triebwerke (noch) nicht laufen – beim so genannten „push back" von der Parkposition am Terminal oder auf dem Weg von und zu den Wartungshallen. Schließlich haben die Hersteller von Flugzeugschleppern bereits Übung darin, mit schwerem Gerät umzugehen. Zwar ist die sechsmotorige Antonow AN-225 kein regelmäßiger Gast auf den Flughäfen dieser Welt, kommt aber gelegentlich für Spezialcharterflüge zum Einsatz und

So gewaltig die A380 auch ist – für ihre große Passagierkapazität, die eine Vielzahl von Ver- und Entsorgungsfahrzeugen am Boden erfordert, ist sie vergleichsweise kurz, sodass es rund um das Flugzeug recht gedrängt zugehen kann. Damit die Standzeiten nicht zu groß werden, sind Cateringfahrzeuge notwendig, mit denen Speisen und Getränke direkt auf das Oberdeck befördert werden können, denn die Verwendung der im Flugzeug eingebauten Aufzüge würde vermutlich zu lange dauern.
Airbus und verschiedene Hersteller haben durch Tests an A380-Modellen nachgewiesen, dass die Abstände zwischen innerem Triebwerk, Flügelvorderkante, Cateringfahrzeugen und Frachtladern ausreichend groß sind, um alle drei für die Beladung des Flugzeugs wichtigen Türen auf der rechten Rumpfvorderseite gleichzeitig nutzen zu können.

muss dabei natürlich auch „an den Haken" genommen werden. Mit ihrem Abfluggewicht von 600 Tonnen übertrifft sie selbst die A380, sodass davon auszugehen ist, dass ein heute gebräuchlicher Zugstangenschlepper mit einem Gewicht von 50 oder 60 Tonnen unter normalen Bedingungen ausreicht, den Mega-Airbus vom Gate zurückzuschieben. Und für jene Standorte, an denen Schnee oder Regen eher die Regel denn die Ausnahme sind, offerieren die Hersteller inzwischen spezielle 70-Tonnen-Schlepper. Als Alternative bieten sich die zunehmend populärer werdenden stangenlosen Schlepper an, deren wichtigste Vorteile ein geringeres Gewicht und eine höhere Geschwindigkeit sind.

Es brennt

Von „Code F" war im Zusammenhang mit der Flughafentauglichkeit der A380 bereits die Rede, ebenfalls von „ADG VI". Bliebe noch eine weitere für den neuen Airbus relevante und erklärungsbedürftige Einstufung, nämlich die nach „Kategorie 10". Sie beschreibt Flugzeuge, die länger als 76 Meter sind und/oder deren Rumpfdurchmesser sieben Meter überschreitet, und legt fest, welche Feuerlöschkapazitäten der Flughafen für derartige Flugzeuge vorhalten muss. Ausschlaggebend sind in erster Linie die von den Löschzügen mitgeführten Mengen an Wasser und Löschzusätzen, während die Passagierkapazität interessanterweise bei der Kategorisierung keine Rolle spielt. Hätte sich Airbus also auf Höhe des Hauptdecks für einen dem der 747 vergleichbaren Querschnitt entschieden, wäre auch die A380 ein Kategorie-9-Flugzeug und die Airports müssten einmal weniger tief in die Tasche greifen. So aber werden die meisten von ihnen um den Kauf eines zusätzlichen beziehungsweise eines größeren Löschfahrzeugs nicht umhinkommen, falls sie nicht bereits über ausreichend dimensionierte Kapazitäten verfügen. Besonderer Vorkehrungen wegen der durchgehend zweistöckigen Auslegung der A380 bedarf es hingegen nicht, so Willy-Pierre Dupont. Die Pumpen und Düsen der heutigen Feuerlöschfahrzeuge seien ausreichend dimensioniert, um auch das Oberdeck zu erreichen.

Der Job in der Kabine eines Enteisungsfahrzeugs ist sicherlich nicht jedermanns Sache, schließlich ragt das Seitenleitwerk der A380 24 Meter hoch hinauf.

Ebenso wie die A380 selbst vermögen auch die für sie benötigten Flugzeugschlepper durch ihre Dimensionen zu beeindrucken. Inzwischen haben alle wichtigen Hersteller Fahrzeuge im Programm, die in der Lage sind, den bis zu 560 Tonnen schweren Riesen-Airbus zu bewegen.

Der Standort Hamburg

Neues Panorama an der Elbe

Dr. Gerald Weber, Jahrgang 1949, übernahm zum 1. Dezember 2007 den Vorsitz der Geschäftsführung von Airbus Deutschland. Der gelernte Werkzeugmacher, der im Besitz des Privatpilotenscheins ist und leidenschaftlich einmotorige Reiseflugzeuge steuert, erwarb 1977 an der Universität Stuttgart ein Maschinenbau-Diplom und promovierte fünf Jahre später am Stuttgarter Fraunhofer-Institut für Prozesstechnik und Automatisierung. Weber ist neben seiner Funktion als Vorsitzender der Geschäftsführung von Airbus Deutschland auch Mitglied des Executive Committees von Airbus und dort als Executive Vice President Operations für sämtliche Produktionsaktivitäten des Herstellers verantwortlich.

Der erste Aprilmittwoch des Jahres 2005 wurde zum Anfang vom Ende einer zehnjährigen Eskalation, die ausgangs der 90er-Jahre sogar die EU-Umweltkommission auf den Plan gerufen hatte, weil die Ausweitung des Werksgeländes in Hamburg-Finkenwerder nach Ansicht verschiedener Umweltschutzorganisationen die EU-Flora-und-Fauna-Richtlinien verletzen würde und Bundeskanzler Gerhard Schröder den Kommissionspräsidenten der Europäischen Union, Romano Prodi, um eine schnelle „umweltrechtliche Unbedenklichkeitserklärung" gebeten hatte: Am 6. April 2005 – drei Wochen vor dem Erstflug des Airbus A380 in Toulouse – reichte Airbus Deutschland seinen Änderungsantrag für die Planung der Start- und Landebahnverlängerung Süd beim Planungsamt der hamburgischen Wirtschaftsbehörde zwecks amtlicher Feststellung ein. Im schönsten Amtsdeutsch verkündete Airbus: „Die Freie und Hansestadt Hamburg hat maßgebliche Fortschritte bei den Grundstückskäufen gemacht und hat Ende vergangenen Jahres wesentliche Flächen aufkaufen können. Der geänderte Plan sieht daher vor, für die Verlängerung der Piste den Straßenverlauf so zu führen, dass weitere Grundstücke nicht mehr erforderlich sind." Damit war nun doch möglich geworden, was unmöglich geworden zu sein schien: Die Verlängerung der Start- und Landebahn im deutschen Airbus-Zentrum Hamburg-Finkenwerder um 589 Meter auf 3.273 Meter. Unabdingbare Voraussetzung für das Industriekonsortium, um den doppelstöckigen Airbus A380 und vor allem seine Frachtvariante und künftige gestreckte Versionen wie die A380-900 an der Elbe ausstatten und auch ausliefern zu können. Eine Planung, die im August 2004 durch einen vom Hamburgischen Oberverwaltungsgericht verhängten Baustopp gefährdet gewesen war. Erst als der Obstbauer Cord Quast eingelenkt hatte, hatte Airbus „grünes Licht" bekommen. Dies führte zum Änderungsantrag vom 6. April 2005, der den deutschen Flugzeugbauern – endlich – freie Bahn geben sollte, weil die neue notwendig gewordene Straßenführung am Rande des Flugplatzes nun um die beiden letzten fraglichen Grundstücke herumgeführt werden konnte.

In Hamburg ging es, was viele tatsächlich oder auch nur vermeintlich betroffene Bürger der kleinen Gemeinde Neuenfelde sowie der noblen Hamburger Ortsteile Blankenese und Othmarschen und in ihrem Gefolge mehrere opportunistische örtliche Politiker immer wieder bestritten hatten, letzten Endes vor allem um wenigstens 4.000 qualifizierte Arbeitsplätze – bei einem totalen Aus des A380-Programm wären 4.000 Stellen die unterste Grenze gewesen. Und das in einem Land, in dem neue und besonders hochwertige Arbeitsplätze Rarität geworden sind und stetig mehr Arbeitsplätze ins Ausland verlagert werden. Das Versprechen, allein mithilfe des A380-Programms bis 2007 wenigstens 2.000 neue Arbeitsplätze in Finkenwerder zu schaffen, war schon im Frühjahr 2005 erfüllt worden. Genauso wie eine identische Zahl neuer Arbeitsplätze bei den Zulieferbetrieben in der Region. Tendenz stetig steigend. Davon träumen andere Industrien. Schon im September 2004 arbeiteten in Hamburg und in den verschiedenen niedersächsischen Airbus-Werken 3.237 Frauen und Männer ausschließlich für das A380-Programm.

Wie sehr sich allerdings die Lage im Herbst 2004 zugespitzt hatte, wurde vor allem in der mittelständischen Industrie erkannt. „Wenn die Startbahn nicht verlängert werden sollte und Hamburg seine Rolle als Kompetenzzentrum im Großflugzeugbau verliert, fürchten viele unserer Betriebe ernsthaft um ihre Existenz – oder sie müssen nach Toulouse gehen", erklärte Uwe Gröning, der Vorsitzende des norddeutschen Industrieverbandes Hanse-Aerospace, in dem rund 100 Unternehmen zusammengeschlossen sind, von denen über 50 direkte Airbus-Zulieferer und in ihrer Unternehmensstruktur ganz oder teilweise von Airbus Deutschland abhängig sind. Zahlreiche in- und ausländische Zulieferer und Ausrüstungsbetriebe hatten sich erst in den vergangenen fünf Jahren in Hamburg und Umgebung angesiedelt. „Schließlich geht ein Airbus in der Praxis heute nach seiner Auslieferung vom Kunden in die Betreuung durch die mittelständische Industrie über", betont Klaus Ardey (Hanse-Aerospace). „Wenn ein Flugzeug erst einmal fliegt, sind wir weitgehend für die Ersatzteilbeschaffung zuständig. Deshalb haben sich so viele Unternehmen rund um Finkenwerder angesiedelt."

Protestmelange besonderer Art – Airbus-Mitarbeiter gehen auf die Straße

Der jahrelang mal schwächer und mal stärker brodelnde Widerstand gegen die Erweiterung des Airbus-Geländes an der Unterelbe, der meistens vor den Verwaltungs- und Oberverwaltungsgerichten landete und sich auch in den Medien mit den Jahren stärker zuspitzte, hatte Wurzeln ganz eigener Art, wie man es in der in den 80er- und 90er-Jahren zunehmend technikfeindlicher gewordenen deutschen Öffentlichkeit bis dahin noch nie erlebt hatte. Eine Melange aus „grünen Berufsprotestierern", die aus den 70er-Jahren übrig geblieben waren, bodenständigen Obstbauern, die ernsthaft um ihre Zukunft und die Zukunft ihrer Kinder fürchteten, und Hamburger Wohlstandsbürgern auf der anderen Elbseite, denen die „ganze Chose", das Industrieimperium am gegenüberliegenden Ufer, nicht ins Bild passte. Im Kampf gegen die Aufschüttungen, womit neues Land für die Erweiterung der Airbus-Werke gewonnen wurde, hatten sich jahrelang völlig unterschiedliche Interessengruppen, die normalerweise nie zueinander gefunden hätten, verbündet. Eine Entwicklung, die nie mit den vorrangig politisch fundierten Protestwelten von Gorleben oder Mutlangen vergleichbar war und im Detail auch sehr von vordergründigen Egoismen beflügelt wurde. Doch an der Elbe entwickelte sich sehr schnell, als die Airbus-Mitarbeiter begriffen, dass sie um ihre Arbeitsplätze fürchten

PROTESTMELANGE BESONDERER ART

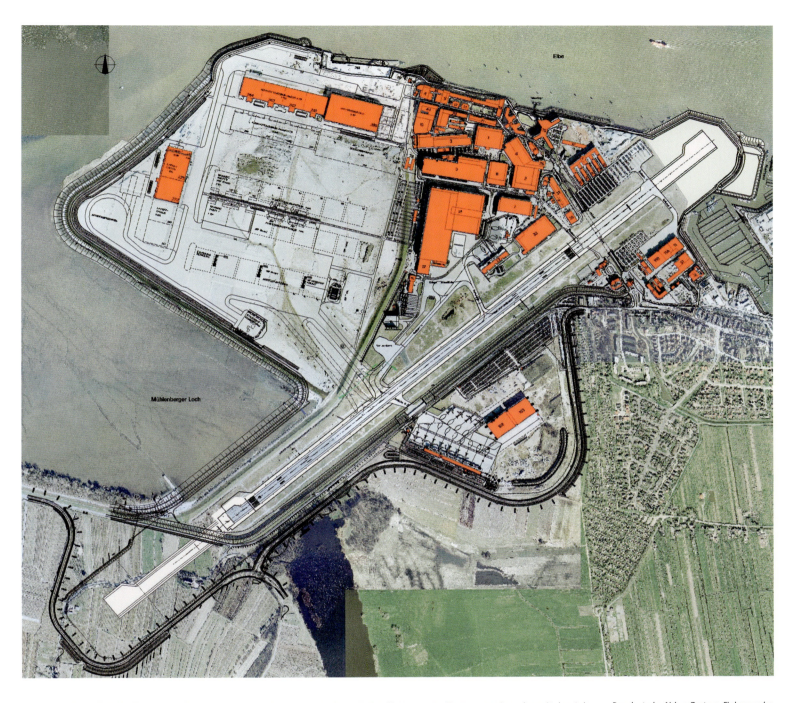

mussten, eine mächtige Gegenwelt. Erstmals demonstrierten am 7. Februar 2001 6.000 Airbus-Beschäftigte unter den roten Fahnen der IG Metall in der Hamburger Innenstadt für den Standort Finkenwerder. Der Airbus-Betriebsratvorsitzende Horst Niehus erklärte unmissverständlich: „Bisher haben die Gegner des Industrieprojektes das Feld beherrscht. Jetzt sind erstmals wir Flugzeugbauer da. Das Werk steht!" Der große Unterschied zu vielen Demonstrationen: In Hamburg standen Politiker (fast) aller Couleur und Arbeitnehmer in einer Front. Ihr bitterstes Plakat: „Über Toulouse lacht die Sonne – über Hamburg die ganze Welt". Und auch das war ein von breiten Schichten der Bevölkerung fröhlich und zustimmend begrüßtes Novum: An dieser ersten Demonstration, der mit den Jahren noch mehrere viel größere Demonstrationen folgten, an denen sich bis zu 10.000 Menschen beteiligten, konnten alle Airbus-Mitarbeiter teilnehmen, weil der Betriebsrat sie als „Betriebsversammlung in Hamburg" deklariert hatte. Bürgermeister Ortwin Runde traf den Nagel auf den Kopf, als er – an die Bürger des Nobelvorortes Blankenese gewandt, von denen viele Airbus ablehnen – erklärte: „Diese Menschen haben ihren Reichtum schließlich Hafen und Industrie zu verdanken."

Allerdings haben auch die Hamburger Politik und nicht zuletzt das Airbus-Management diese Protestmelange gegen

Das deutsche Airbus-Zentrum Finkenwerder am südlichen Elbufer, wie es ursprünglich konzipiert war: Deutlich erkennbar die geplante Verlängerung der Start- und Landebahn über die Bundesstraße hinaus, die zu einem jahrelangen Gerichtsstreit und zu schier zahllosen Einsprüchen und Protesten von Neuenfelder Bürgern führte.

Airbus jahrelang sträflichst unterschätzt und wiederholt unnötigerweise brüskiert, wo es doch klug gewesen wäre, rechtzeitig das Gespräch zu suchen. Das öffentliche Bekenntnis zum größten Arbeitgeber in Hamburg war oft nur ein Lippenbekenntnis. Es gab über lange Jahre hinweg nur wenige gewichtige Politiker in der Freien und Hansestadt, die ernsthaft für die Arbeitsplätze in Finkenwerder gekämpft haben.

Der frühere Wirtschaftssenator Dr. Thomas Mirow muss zuerst genannt werden. Der Aufstieg Hamburgs zur heutigen Größe im Konzert der „Großen Drei" der Luftfahrtindustrie – Seattle-Everett, Toulouse und Hamburg – wäre ohne Thomas Mirow kaum möglich gewesen. Als man in Hamburg ernsthaft fürchten musste, Airbus Deutschland würde langfristig nicht viel mehr als eine kompetenzlose pure „Metallschneidewerkstatt" bleiben, trat kein hamburgischer Politiker so überzeugend und so kompromisslos für Finkenwerder ein wie Thomas Mirow.

Heute muss vor allem der Hamburger Bürgermeister Ole von Beust hervorgehoben werden. Als es Ende 2004 wieder lichterloh brannte, sandte Ole von Beust die richtigen Signale aus. Als die Luftfahrtregion Hamburg Schaden zu nehmen drohte, weil die Verlängerung der Start- und Landebahn ohne komplizierte und langwierige Enteignungsverfahren, deren Erfolgsaussichten nicht einmal garantiert waren, gefährdet war, und den Flugzeugbauern und Hamburger Politikern der Wind eiskalt ins Gesicht blies, erschien das renommierte „Hamburger Abendblatt" mit der plakativen Schlagzeile: „Beust: Die Hoffnung stirbt zuletzt". Denn der 30. November 2004 schien zum „Schwarzen Dienstag" der deutschen Flugzeugbauer geworden zu sein. Die letzte Frist war abgelaufen. Die letzten Grundstückseigentümer, mit denen die Hamburger Projekt-Realisierungsgesellschaft (ReGe) lange gerungen hatte und von denen keiner in seiner Erwerbsgrundlage gefährdet war oder sein Wohnhaus verlassen musste, brachen, gedeckt von der Kirchengemeinde Neuenfelde, abrupt alle Gespräche ab. Sie ließen diese „letzte Frist" verstreichen. Die Handelskammer Hamburg sprach von einer „Geisterfahrt" des Kirchenvorstandes. Wirtschaftssenator Gunnar Uldall machte keinen Hehl aus seiner grimmigen Überzeugung, er fühle sich schon seit längerer Zeit von den Startbahngegnern „am Nasenring" vorgeführt.

Am 4. Dezember 2004 aber gab es wieder Grund zu Hoffnung und Optimismus. Der Obstbauer Cord Quast verkaufte vier Schlüsselgrundstücke – damit war gesichert, dass die umstrittene Bahn auch ohne Enteignungen verlängert werden konnte. Die fraglichen Grundstücke eines Hamburger Beamten und der Kirchengemeinde wurden nicht mehr unbedingt benötigt – die Trasse am Flughafen konnte nun an ihnen vorbei geplant werden. Damit war auch abzusehen, dass die erst einmal um ein Jahr zurückgestellten A380-Ausstattungen und -Auslieferungen in Hamburg frühestens ab dem Sommer 2007 möglich sein würden. Hamburg ist A380-Auslieferungszentrum für Europa und den Nahen und Mittleren Osten geblieben.

Bürgermeister Ole von Beust ergriff Partei

Bürgermeister Ole von Beust, der sich immer stärker in den Streit einbrachte, der Hamburgs Rolle als wichtiger Industriestandort in Bedrängnis brachte, durfte sich damit nach dramatischen Auseinandersetzungen als Sieger fühlen. Ole von Beust, der mit Leidenschaft für Airbus eingetreten war, hatte das Verhalten der Neuenfelder Kirche, die alle Gespräche im Streit um die Start- und Landebahn brüsk abgebrochen hatte, öffentlich „indiskutabel" genannt. Der erste Mann im Stadtstaat Hamburg nahm kein Blatt mehr vor den Mund: „Dass eine christliche Gemeinde einem Gesprächspartner die Tür vor der Nase zuknallt und sagt, wir reden nicht mehr mit euch, und Argumente nicht hören will, ist mir völlig unverständlich." Die christliche Gemeinde, so donnerte Ole von Beust, habe nicht nur Verantwortung für ihre Gemeindemitglieder, sondern auch eine Gesamtverantwortung für alle Christen und Nichtchristen in Deutschland, also auch für künftige Arbeitsplätze. Und ausdrücklich schloss der angesehene CDU-Politiker die Leitung der Nordelbischen Kirche und Bischöfin Maria Jepsen in seine Kritik ein und beklagte ihre widersprüchliche Haltung. Bischöfin Maria Jepsen war, als sich eine knappe Hand voll Pastoren aus den noblen Vororten Othmarschen und Blankenese eiligst und

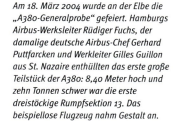

Am 18. März 2004 wurde an der Elbe die „A380-Generalprobe" gefeiert. Hamburgs Airbus-Werksleiter Rüdiger Fuchs, der damalige deutsche Airbus-Chef Gerhard Puttfarcken und Werkleiter Gilles Guillon aus St. Nazaire enthüllten das erste große Teilstück der A380: 8,40 Meter hoch und zehn Tonnen schwer war die erste dreistöckige Rumpfsektion 13. Das beispiellose Flugzeug nahm Gestalt an.

unkritisch hinter die Neuenfelder Kirche gestellt hatten, fast buchstäblich über Nacht eingeknickt, nachdem sie zuvor noch öffentlich der Gemeinde Neuenfelde geraten hatte, das Gespräch mit Airbus zu suchen. Ole von Beust reagierte auf die Entscheidung der Neuenfelder Kirche mit klaren Worten: „Ich bin außerordentlich verärgert." Ole von Beust war in diesem Augenblick der überzeugendere und stärkere Christ.

Die Bilanz der dramatischen Tage vom 30. November bis 4. Dezember 2004: Ein „kleiner Obstbauer" vom Rande des Alten Landes, Deutschlands größtem geschlossenen Obstanbaugebiet, betrieb auf seine Art Wirtschaftspolitik in praxi und gab dem deutschen Flugzeugbau damit „grünes Licht" für eine starke Zukunft. Diese Entscheidung wurde ihm allerdings erleichtert. Doch auch der öffentliche Druck spielte eine wichtige Rolle, wie Cord Quast freimütig einräumte, der sich vielen Anfeindungen – vorher und nachher – ausgesetzt sah. Hamburgs Wirtschaftssenator Gunnar Uldall zog kurz und bündig sein Fazit: „Das ist eine gute Nachricht für den Wirtschaftsstandort Deutschland." Zehn Monate lang hatte der unbestritten pfiffige Obstbauer Cord Quast, der wider Willen als Eigentümer der wichtigsten Grundstücke zur Schlüsselfigur der Auseinandersetzungen geworden war, verhandelt. Am Ende des oft zermürbenden Pokers konnte Hartmut Wegener, der Chef der städtischen Projekt-Realisierungsgesellschaft (ReGe), tief durchatmen: Bauer Quast erhielt eine Ersatzfläche für seine 38.000 Quadratmeter, die er für die Verlängerung der Start- und Landebahn preisgab, und dazu eine „angemessene Ausgleichszahlung". In Hamburg wurden – so wird unwidersprochen kolportiert – 2,3 Millionen Euro genannt.

Wichtig war zum guten Ende aller schwierigen und harten Verhandlungen, dass niemand, so Hartmut Wegener, sein Gesicht verlor. Cord Quast, der immer gefürchtet hatte, schlimmstenfalls enteignet zu werden, und dann natürlich nicht annähernd so viel Geld bekommen hätte, wie ihm schließlich zugebilligt wurde, verband seinen Vertrag, der dem Quast'schen Obstbaubetrieb eine sichere Zukunft eröffnete, mit handfesten Garantien: Hamburg und Airbus sicherten zu, dass Airbus keine weiteren Ausbaupläne über die jetzige Verlängerung der Start- und Landebahn hinaus betreiben wird. Damit war auch die Zukunft Neuenfeldes gesichert. Airbus-Chef Gerhard Puttfarcken: „Neuenfeldes Bestand war immer gewährleistet. Wer etwas anderes behauptet, sagt Falsches." ReGe-Chef Hartmut Wegener durfte zufrieden erklären: „Was wir erreicht haben, hilft allen Seiten. Und Cord Quast steht nicht im Regen und muss sich nicht anfeinden lassen, dass er verkauft hat. Sein Vertrag mit der Stadt Hamburg ist eine Bestandsgarantie für sein Dorf. Außerdem gehört zu diesem Vertrag auch eine eklatante Verbesserung der Wasserwirtschaftsversorgung." Zudem sicherte Airbus zu, die „Hamburger Jets" würden den Lärmpegel von 59,4 Dezibel in der Dorflage von Neuenfelde in Zukunft nicht überschreiten. Und eine weitere Industrieansiedlung östlich und südlich der Landebahn ist ausgeschlossen; die Flächen sollen dem Obstbau erhalten bleiben. Dass das Airbus-Gelände und die Start- und Landebahn nicht in einen öffentlichen Verkehrsflughafen umgewidmet werden dürfen, gehört auch zu diesem umfangreichen Vertragswerk.

Eigens für die A380 wurde auf dem Erweiterungsgelände des Airbus-Werks in Hamburg-Finkenwerder eine 213 Meter lange und 105 Meter breite Lackierhalle errichtet, die zwei Exemplare des Super-Jumbos fasst. Sämtliche A380 erhalten hier vor der Auslieferung das Farbkleid ihres künftigen Betreibers, wobei jeweils rund 3.100 Quadratmeter Fläche zu lackieren sind.

„Öffentliches Interesse" oder Schutz der Fledermäuse

Fast parallel ebnete auch das Verwaltungsgericht Hamburg den Weg zur Verlängerung der Airbus-Startbahn auf seine Art, als es die Eilanträge verschiedener Naturschutzverbände endgültig abwies und expressis verbis hervorhob: „Ein öffentliches Interesse an einer Landebahnverlängerung ist für dieses Eilverfahren anzunehmen, da die hierdurch ermöglichte Auslieferung des Frachtflugzeuges A380F nicht nur Arbeitsplätze schafft, sondern auch den Flugzeugindustriestandort Hamburg aufwertet und in seiner Nutzbarkeit für die Flugzeugproduktion und insbesondere -vermarktung nicht hinter Toulouse zurücktreten lässt. Ein solches kann sich zukünftig positiv auf die Wirtschaftsregion Hamburg und damit die hiesige Arbeitsmarktsituation auswirken. Dieses sind öffentliche Interessen, die [...] zu beachten sind." Das Gericht erhärtete seine Urteilsbegründung mit der Erklärung: „Auch sind die öffentlichen Interessen nicht in grob unverhältnismäßiger Weise den Belangen des Naturschutzes vorgezogen worden. Angesichts des derzeitigen Arbeitsplatzmangels ist die Schaffung hochwertiger, beständiger Arbeitsplätze ein besonders wichtiges öffentliches Anliegen [...] Demgegenüber darf der Schutz der betroffenen Fledermäuse vor dem Verlust von Lebensräumen zurücktreten, zudem ein Kompensationskonzept im landschaftspflegerischen Begleitplan festgeschrieben wurde." Ausdrücklich hob das Gericht hervor, dass „selbst die meisten unmittelbar durch Verlust von Grundeigentum Betroffenen" sich nach langer Verhandlung gegen ihre eigentlichen Interessen dieser allgemeinen Bewertung gebeugt hätten. Schon Jahre zuvor hatte Brüssel bereits entsprechende Weichen gestellt: Die zuständige Kommission der Europäischen Union hatte unmissverständlich erklärt, das ökologisch wertvolle Elbwatt im Mühlenberger Loch dürfe aus „zwingenden Gründen" im „öffentlichen Interesse"

teilweise zugeschüttet werden. Just dagegen wurde jahrelang demonstriert und prozessiert.

Vorausgegangen waren der mehr als ein Jahrzehnt währenden Auseinandersetzung allerdings schon in den letzten Jahren, ehe Airbus endlich allseits „grünes Licht" bekam, zahlreiche vertrauensbildende Maßnahmen. In der so genannten Süderelbeplattform waren Kommunalvertreter, Obstbauern, Repräsentanten der verschiedensten Ortsausschüsse, der Gewerbe- und Sportvereine, der Wasserwirtschaft und der Obstbauversuchsanstalt längst aufeinander zugegangen, als der Neuenfelder Kirchenvorstand noch unnachgiebig Härte demonstrierte. „Am Ende hat die Vernunft gesiegt, auch wenn es oft für alle Beteiligten nicht leicht war, aufeinander zuzugehen", räumt Hartmut Wegener ein. Und auch darauf ist man in der Realisierungsgesellschaft, in der bei den Aufschüttungs- und Projektierungsarbeiten im Mühlenberger Loch immerhin rund 75 kleine und mittelständische deutsche Unternehmen zusammengearbeitet haben, stolz: Das an die Wand gemalte Horrorszenario umstrittener Gutachter, das mit Sand aufgeschüttete „Mühlenberger Plateau" werde den Belastungen nicht standhalten und langsam, aber sicher im Elbschlick absinken und so das ganze Projekt scheitern lassen, war falsch. „Das waren", so Hartmut Wegener, „wohl die verrücktesten Tatarennachrichten. Umgekehrt war's am Ende: Wir haben sogar wieder Sand herausgenommen, weil das Setzungsverhalten der aufgeschütteten Mengen hervorragend war."

Dass das Staatsgebiet der Freien und Hansestadt Hamburg durch die Aufschüttung um 165 Hektar – davon 140 Hektar Nutzfläche – oder um 0,26 Prozent größer geworden ist, ist schon fast ein Finkenwerder Kuriosum und blieb der Öffentlichkeit weithin unbekannt. Des Rätsels Lösung: Die großen Flüsse und Kanäle Deutschlands – dazu gehört auch die Elbe mit dem Mühlenberger Loch – sind als Bundeswasserstraßen Bundeseigentum. So hat sich Bundeseigentum in Hamburger Staatsgebiet verwandelt. 693 Millionen Euro inklusive 100 Millionen Euro für Naturschutzausgleichsmaßnahmen hat Hamburg das aufwändige Projekt gekostet; Airbus Deutschland brachte für seine Bauten 650 Millionen Euro auf. Doch das sind keine verlorenen Gelder, denn das Airbus-Gelände hat drei Grundeigentümer: Hamburg, Airbus und auch noch ganz formell das Liegenschaftsamt. Und weil der Stadtstaat sein Gelände Airbus lediglich verpachtet, aber nicht übereignet hat, werden in den nächsten 20 Jahren nicht weniger als 184 Millionen Euro in den Stadtsäckel zurückfließen.

Horrorszenarien an die Wand gemalt

Der jahrelange Streit an der Elbe, der sich in der gut 5.000 Einwohner großen Gemeinde Neuenfelde schließlich selbst durch einzelne Familien zog, wurde nicht nur in dieser Region, sondern deutschlandweit von skeptischen Tönen in den Medien begleitet, die dem Airbus A380 ganz ernsthaft prophezeiten,

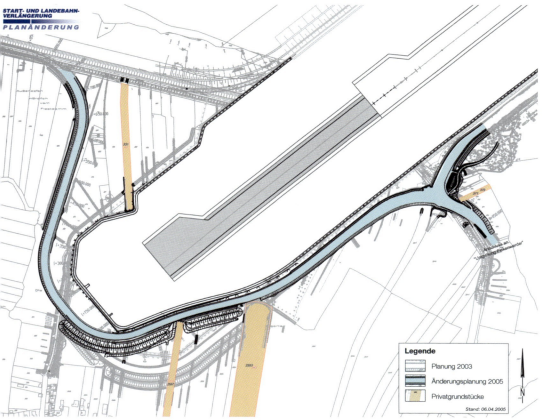

Der Verlängerung der Start- und Landebahn um 589 Meter stand nichts mehr im Wege. Die drei restlichen Grundstücke – auf der Planskizze bräunlich dargestellt –, die partout nicht verkauft wurden, waren kein Hindernis für das Projekt mehr. Das galt sowohl für das Kirchengrundstück (links unten) als auch den breiten Landstreifen (unten Mitte) und den schmaleren Streifen (links oben) – beide gehören einem hamburgischen Beamten, der sich auf keinerlei Kompromisse einlassen wollte. Nun wurden Deich und Straße in etwas veränderter und leicht gebogener Trassenführung an den fraglichen Grundstücken vorbei geplant. Am 16. Juli 2007 schließlich konnte Airbus die verlängerte Start- und Landebahn von der Projekt-Realisierungsgesellschaft der Stadt Hamburg übernehmen.

nun wirklich keine Zukunft zu haben. Allen voran das deutsche Magazin DER SPIEGEL, das schon Anfang 1999 unter dem Titel „Der Wahn der Technokraten" wahre Schreckensszenarien an die Wand gemalt hatte: „Hamburg soll sich nach dem Willen der Stadtväter zu einem der weltweit führenden Standorte der Flugzeugherstellung aufschwingen. Nur Seattle und Toulouse wären der Hansestadt dann noch ebenbürtig. Für das Renommierprojekt ist der Senat bereit, jede Vernunft zu opfern: Den schon vom Lärm des Flughafens Fuhlsbüttel geplagten Hamburgern will er nun auch die Testflüge des neuen Riesenjets zumuten [...] Gewässerkundler warnen jetzt, da das Mühlenberger Loch geopfert werden soll, vor neuen katastrophalen Sturmfluten durch Strömungs- und Volumenveränderungen [...] Das Gedröhn startender und landender Riesenvögel über Häusern, Parks und Gärten, das mit jedem der werktäglichen 35 Überflüge als Spitzenwert den Geräuschpegel eines Pressluftbohrers erreicht, wird noch durch die täglichen sechsstündigen Probeläufe der Riesendüsen des A3XX verstärkt."

Formulierungen, von denen nicht eine einzige sachlich richtig war. Richtig ist übrigens: Vertraglich ist geregelt, dass pro Werktag im Jahresdurchschnitt nicht mehr als 27 Flugzeugbewegungen und maximal 35 pro Werktag stattfinden dürfen – vom kleinsten Airbus A318 bis zum großen Airbus A380. Ganz abgesehen, dass das umstrittene „Mühlenberger Loch" seine spätere Größe erst dadurch erreicht hatte, dass Blohm & Voss einen Teil der heute wieder Land gewordenen Fläche in den Dreißigerjahren ausgebaggert hat, damit die großen Wasserflugzeuge jener Jahre – allen voran die BV 238, das größte Flugboot seiner Zeit – starten und landen konnten. Im Frühjahr 2000 berief sich DER SPIEGEL unter der Überschrift „Waghalsiges Projekt" auf den früheren Lufthansa-Manager Rausch: „Statt Milliardensummen in den neuen Flieger zu stecken, forderte Passagechef Karl-Friedrich Rausch erst kürzlich, sollten die Airbus-Manager lieber ihre aufwändige Fertigung modernisieren und die vorhandene Flotte weiterentwickeln." Fünf Jahre später klang das beim neuen Lufthansa-Boss Wolfgang Mayrhuber dann doch ganz anders: „Wir werden noch mehr A380 als die schon bestellen 15 Flugzeuge erwerben." Quintessenz des Hamburger Nachrichtenmagazins: „Ob der Großraumjet des Airbus-Konsortiums je gebaut wird, ist zweifelhaft. Das Problem: Die Fluggesellschaften weigern sich, den Flieger zu bestellen." Das Hamburger Magazin war mit seinen pessimistischen Tönen allerdings nicht allein. Schon im Juni 1995 hatte die „Welt am Sonntag" die Schlagzeile „Die kritischen Stimmen gegen den Super-Jumbo mehren sich" geprägt und das ganze Projekt gleichfalls in Zweifel gezogen. Am 20. Dezember 2000 hatte die führende Zeitung der Hansestadt, das „Hamburger Abendblatt", resignierend getitelt: „A3XX – alles aus für Hamburg?" Wieder einmal war wahr geworden, was an der Küste seit Generationen als Volksweisheit gilt: „Auf hoher See und vor deutschen Richtern bist du immer in Gottes Hand."

Das Verwaltungsgericht hatte völlig überraschend einen Baustopp verhängt und damit den Zeitplan für die Werkserweiterung ernsthaft in Gefahr gebracht – just zum gleichen Zeitpunkt, da in Toulouse endgültig „grünes Licht" für den Airbus A3XX gegeben worden war. Es war nicht das letzte vieler Urteile.

Doch unabhängig aller Proteste, Demonstrationen und Urteile hatte sich mit den Jahren eine ganz besondere „große Koalition" in Hamburg gefestigt: Die beiden Volksparteien CDU und SPD sind sich in der Hamburgischen Bürgerschaft längst einig, wenn es darum geht, Airbus zu fördern und zu unterstützen. Schließlich sind die Flugzeugbauer in der über Jahrhunderte hinweg von der Schifffahrt geprägten Handels- und Hafenstadt heute Hamburgs mit Abstand größter Arbeitgeber.

ganz oben: Zu den Bauten, die in Hamburg-Finkenwerder eigens für die A380 errichtet wurden, gehört auch das neue Auslieferungszentrum.

oben: Hamburgs Bürgermeister Ole von Beust ließ nie Zweifel darüber aufkommen, dass die Freie und Hansestadt Hamburg hinter Airbus und seinen Mitarbeitern steht.

DER STANDORT HAMBURG

11/2001 Schon im März 2001 begannen die ersten aufwändigen Bauarbeiten zur Umschließung der Erweiterungsfläche, auf der später die mächtigen A380-Hallen errichtet werden sollten. Kaum hatte das Hamburger Oberverwaltungsgericht am 22. Februar 2001 „grünes Licht" für die Bauarbeiten zur Teilzuschüttung des Mühlenbergers Lochs gegeben, stand bereits eine Armada von Pontons mit Baugeräten bereit, die optisch schon den späteren Deichverlauf markierte. Vorrangig ging es erst einmal darum, das künftige Plateau mit einer Spundwand gegenüber der Elbe abzugrenzen. Rund 62.000 Sandsäulen mussten bis zu zwölf Meter tief eingebracht werden, um für den 2.255 Meter langen Schutzdeich ein solides Fundament zu schaffen. Die Stabilisierung des Schlicks war eine der ersten wichtigen Aufgaben. Bereits Ende 2001 war die Erweiterungsfläche „eingezäunt". Die eigentliche Aufschüttung konnte beginnen.

05/2002 Der zweite Bauabschnitt diente schon der eigentlichen Aufschüttung auf fünf Meter über Normalnull. Mit den so genannten Nassbagger- und Erdarbeiten zur Gewinnung, dem Transport und dem Einbau des Sandes konnte allerdings erst begonnen werden, als der Grund ausreichend gefestigt war. Täglich wurden im Akkord 60.000 Kubikmeter Sand aufgeschüttet. Fachleute sprechen vom Verrieseln, das heißt die Fläche wuchs langsam aus dem Wasser heraus. De facto musste die ganze Fläche mit Sand erhöht und hochwassersicher eingefasst werden. Alles in allem verschlangen diese aufwändigen Aufschüttungsarbeiten rund 13 Millionen Kubikmeter Sand, der vor allem in der Unter- und Außenelbe – vielfach im Rahmen von Arbeiten zum Ausbau und zur Unterhaltung der Schifffahrtswege – gewonnen wurde. Der Sand für die Sandsäulen, der trocken eingebaut wurde, kam allerdings aus dem Binnenland.

01/2003 Schon knapp zwei Jahre nach dem Beginn der Einpolderung des „Mühlenberger Plateaus" war das Areal nicht mehr wiederzuerkennen. Wasser hatte sich in atemberaubendem Tempo in Land verwandelt. Dass vor diesen Arbeiten umfangreiche Forschungsarbeiten und Bodenuntersuchungen vorgenommen werden mussten, lag auf der Hand. Und immer musste nach Ebbe und Flut geplant werden. Der Sand musste bei aufkommender Flut antransportiert werden und auf den Arbeitspontons mussten alle Arbeitsgeräte und Werkstücke vorhanden sein, die für die nächste Bauphase benötigt wurden. Andernfalls hätten teure Pausen bis zum nächsten Hochwasser eingelegt werden müssen. Weil die Arbeitsboote die Arbeiter bei Ebbe nicht zurückbringen konnten – anfangs saßen sie manchmal bis 3 Uhr morgens fest –, wurden schließlich Hoovercrafts eingesetzt, die jederzeit verkehren konnten.

DIE ENTWICKLUNG

10/2003 Im Herbst 2003 mussten auch die größten Pessimisten anerkennen, dass im Mühlenberger Loch beispielhafte Arbeit geleistet worden war. War der Sand anfangs noch von Pontons aus verteilt worden, so wurden später Rohrleitungen auf dem aufgeschütteten Gelände verlegt. Und damit der mit pedantischer Sorgfalt behandelte Schlick zusammen mit den aufgeschütteten Sandlagen auch die notwendige Festigkeit erhielt, wurde das Wasser diesem „Kuchen" mittels eines ausgeklügelten Drainageverfahrens wieder ganz langsam entzogen. Hintergrund aller Bemühungen war das Erreichen einer maximalen Setzfestigkeit des aufgeschütteten Landes für die späteren Airbus-Hallen und Großraumflugzeuge. Dabei wurde gezielt vorgegangen: Das Gelände wurde partiell verfestigt. So war es möglich, in nur neun Monaten eine zwölf Hektar große Teilfläche trockenzulegen und zu festigen, auf der im Frühjahr 2003 die erste Halle stand. Und am 22. Oktober 2003 konnte die 228 Meter lange und 23 Meter hohe Montagehalle eingeweiht werden.

06/2004 Als im Herbst 2004 der Streit um die Verlängerung der Start- und Landebahn noch einmal eskaliert war, konnten allerdings nur noch notorische Startbahngegner wie beispielsweise der Hamburger Filmregisseur Hark Bohm – „Fakt ist, das Auslieferungszentrum würde nur 100 neue Arbeitsplätze bringen." – glauben, Airbus würde den Kampf verlieren. Längst waren unübersehbare und unwiderrufliche Fakten auf dem eingedeichten Plateau geschaffen worden und bei Meinungsumfragen hielten 48 beziehungsweise 33 Prozent aller Befragten das A380-Projekt für „sehr wichtig" oder wenigstens für „wichtig" – und nur zwei Prozent für „unwichtig". Selbst bei den Hamburger Grüne/GAL-Wählern plädierte eine Mehrheit für Airbus. Der Rückenwind in der Metropolregion Hamburg hatte an Stärke deutlich zugenommen, je mehr handfeste Tatsachen und damit wertvolle Arbeitsplätze geschaffen worden waren.

2015 Ein Blick in die Zukunft: Nachdem im März 2004 die Rüschhalbinsel an Airbus übergeben werden konnte, im Mai desselben Jahres der neue Deich seine Hochwasserschutzfunktion übernommen hatte und Ende August 2004 alle Landgewinnungsarbeiten im Mühlenberger Loch abgeschlossen waren, konnte bei Airbus tief durchgeatmet werden: 693 Millionen Euro inklusive 100 Millionen Euro für Naturschutzausgleichsmaßnahmen hat das Projekt gekostet. Damit sind alle Voraussetzungen für einen weiteren systematischen Ausbau geschaffen – dieses Panorama-Bild vermittelt einen Eindruck, wie sich Airbus in Finkenwerder in einigen Jahren präsentieren wird.

DAS FLUGZEUG

Das Flugzeug
Die Großraumlösung für den wachsenden Luftverkehr

Warum die Welt die A3XX braucht – so lautete im Frühjahr 2000 der Titel eines Vortrags von Adam Brown, damals als Vice President Forecasting and Strategic Planning so etwas wie das Chef-Orakel des europäischen Flugzeugbauers. Nun, vermutlich würde die Welt auch ohne die A380 ganz gut zurechtkommen, aber Airbus ist zumindest überzeugt, dass viele Fluggesellschaften den Herausforderungen der kommenden Jahrzehnte nur mit dem neuen europäischen Super-Jumbo begegnen können.

Ein bekanntes Bonmot sagt, dass Prognosen besonders dann sehr schwierig sind, wenn sie sich mit der Zukunft befassen, weshalb Vorhersagen über die Entwicklung des Luftverkehrs und den künftigen Bedarf an Flugzeugen immer ein wenig auch Kaffeesatzdeuterei darstellen. Unstrittig scheint aber unter den meisten Fachleuten zu sein, dass der zivile Luftverkehr auch künftig um durchschnittlich etwa fünf Prozent jährlich wachsen wird. Ebenso unwidersprochen dürfte die Feststellung bleiben, dass viele der heutigen Großflughäfen ein solches Wachstum kaum verkraften können, weil die räumlichen Gegebenheiten die Erweiterung des Start- und Landebahnsystems nicht zulassen und somit die Zahl der Flugbewegungen nicht erhöht werden kann.

Während Boeing die Auffassung vertritt, dass dies auch gar nicht notwendig ist, weil sich der Luftverkehr künftig vermehrt an den großen Drehkreuzen vorbei auf Nonstop-Verbindungen zwischen kleineren Flughäfen abspielen werde, geht Airbus davon aus, dass auch weiterhin Bedarf an großen Flugzeugen für aufkommensstarke Routen bestehen wird.

Entsprechend unterschiedlich fallen die Prognosen beider Unternehmen hinsichtlich der voraussichtlichen Auslieferungszahlen in den kommenden zwei Jahrzehnten aus: Boeing erwartet einen Bedarf von etwa 740 Flugzeugen in der Größenordnung der 747 und darüber, Airbus dagegen geht davon aus, dass im selben Zeitraum gut 1.300 Großraumflugzeuge für 500 und mehr Passagiere nachgefragt werden, dazu kommen noch rund 500 Aufträge für Frachter.

DIE GROSSRAUMLÖSUNG FÜR DEN WACHSENDEN FLUGVERKEHR

Die A380 ist das größte und schwerste Passagierflugzeug, das je gebaut wurde. Seine Entwicklung stellte die Ingenieure bei Airbus und den Programmpartnern vor große Herausforderungen, weil sie zur Erzielung der gewünschten Vorgaben hinsichtlich Reichweite, Nutzlast oder Umweltverträglichkeit mehr als einmal bis an die Grenzen des technisch Machbaren herangehen mussten. Dennoch ist der Airbus-Jumbo in seiner grundsätzlichen Konzeption ein sehr konventionelles Flugzeug. Für ausgefallenere Entwürfe, beispielsweise einen Nurflügler, war die Zeit offensichtlich noch nicht reif. Derartige Konzepte bleiben der nächsten Generation von noch größeren Passagierflugzeugen vorbehalten.

Die Wahrheit wird – wie so oft – vermutlich in der Mitte liegen, wobei das mit den Vorhersagen, wie bereits erwähnt, immer so eine Sache ist ... Zweifellos wird es zusätzliche Nonstop-Langstreckenverbindungen mit Flugzeugen wie der Boeing 787 und dem Airbus A350 geben, die aufgrund ihres Passagieraufkommens und eines ausreichend hohen Anteils von Geschäftsreisenden auch ohne den Umweg über einen Hub-Flughafen profitabel bedient werden können. Andererseits gibt es Städteverbindungen wie Tokio – London, Tokio – New York oder London – New York, die angesichts einer kombinierten Bevölkerungszahl zwischen 30 und 50 Millionen schon heute mehrere tägliche 747-Verbindungen erfordern, ohne dass groß aus anderen, kleineren Städten Passagiere „zugefüttert" werden müssten. Zudem ist die Bevölkerung speziell in Asien viel stärker in wenigen Metropolen konzentriert, als dies beispielsweise in Nordamerika der Fall ist. Wer nach Japan fliegt, hat häufig genug Tokio zum Ziel und wer nach Südkorea reist, will in der Regel nach Seoul. Angesichts der momentanen Wachstumsraten in dieser Region, speziell in China oder Indien, steht nicht zu erwarten, dass die Nachfrage nach Flugverbindungen in naher Zukunft zurückgehen wird.

Hinzu kommt auf der so genannten Känguru-Route von Europa über Asien nach Australien/Neuseeland noch der zeitliche Aspekt: Sollen die Zwischenaufenthalte nicht unangenehm lang werden, gibt es nur wenige kleine Zeitfenster, in denen Flüge möglich sind. Aus London heraus muss beispielsweise um die Mittagszeit gestartet werden, damit das Flugzeug kurz nach Öffnung des dortigen Flughafens in Singapur zwischenlanden und anschließend in Sydney landen kann, bevor dort die Türen für die Nacht geschlossen werden. In der Gegenrichtung sieht es keinesfalls besser aus, sodass ein Wachstum auf diesen Routen praktisch nicht über eine Erhöhung der Flugfrequenzen, sondern ausschließlich über größere Flugzeuge aufgefangen werden kann.

Und schließlich verweist Airbus noch auf das Kostendenken vieler Reisender. Selbstverständlich böte eine ideale Welt Flüge

DAS FLUGZEUG

Die Kabine der A380 ist etwa 50 Prozent größer als die der 747-400, doch die Passagierzahl des europäischen Riesen liegt nur um ungefähr 35 Prozent über der des Jumbos, wodurch erheblich mehr Platz pro Fluggast zur Verfügung steht. Davon werden naturgemäß vor allem die Passagiere in der First (Foto) und Business Class profitieren.

Das ist, als habe man eine A340 auf eine Boeing 747 gesetzt. So in etwa lässt sich der Rumpfquerschnitt der A380 beschreiben. Anders als der Buckel des Jumbos weist das A380-Oberdeck eine Rumpfbreite auf, wie man sie von Großraumflugzeugen gewohnt ist. Das Unterdeck kann wie bei anderen Airbus-Langstreckenmustern auch für Besatzungsruheräume genutzt werden.

zwischen allen möglichen Punkten mehrmals am Tage zu günstigen Zeiten. Doch weil bei den meisten Passagieren letztlich der Blick in den Geldbeutel ausschlaggebend für die Wahl des Reiseweges ist, wird es immer auch Bedarf an günstigeren Flügen nach dem „Hub and Spoke"-Prinzip geben. Wie die Speichen (Spoke) eines Rades führen Kurzstrecken-Zubringerflüge die Fluggäste zur Nabe (Hub), von wo aus Großraumflugzeuge wie die A380 mit ihren erheblich niedrigeren Betriebskosten die Reise bis zum nächsten Hub fortsetzen, an dem die Passagiere dann zu ihren eigentlichen Zielen verteilt werden.

Vor dem Hintergrund dieser Rahmenbedingung ist die A380 nach Airbus-Auffassung „die wirtschaftliche Lösung für stark ausgelastete Flugrouten", ein Flugzeug, das auf aufkommensstarken Verbindungen Wachstum ohne zusätzliche Flüge ermöglicht.

Produktivitätssprung

Das sahen und sehen offensichtlich auch jene Fluggesellschaften so, die bereits jetzt die A380 bestellt und/oder in der Definitionsphase vor dem eigentlichen Programmstart mit Airbus bei der Entwicklung des größten Verkehrsflugzeugs der Welt zusammengearbeitet haben. Ihre Wünsche an den Hersteller gingen allerdings weit über die simple Erhöhung der Passagierkapazität hinaus. Um einen wirklichen Produktivitätssprung zu gewährleisten, musste die A380 mehr Passagiere zu einem günstigeren Preis über eine größere Entfernung befördern können als das bisherige Maß aller Dinge, die Boeing 747-400. Und das alles selbstverständlich unter Einhaltung aller aktuellen und für die nähere Zukunft zu erwartenden Lärm- und Abgasvorschriften.

Auf Basis dieser Vorgaben und unter Zugrundelegung des technisch und wirtschaftlich Machbaren entstand also die A380, so wie sie sich seit dem 27. April 2005 im Flug präsentiert: Ein Flugzeug, das bei einer typischen Drei-Klassen-Bestuhlung Platz für 525 Passagiere bietet, 15.200 Kilometer ohne Zwischenlandung zurücklegen kann, im Vergleich zu heutigen Großraumflugzeugen um 15 Prozent niedrigere Betriebskosten aufweist und dabei pro Fluggast und 100 Kilometer weniger als drei Liter Treibstoff verbraucht – besser als jedes Auto.

Ein Flugzeug zudem, das seinen Passagieren ein bislang nicht gekanntes Maß an Komfort bieten soll, schließlich steht auf den beiden Decks 50 Prozent mehr Fläche zur Verfügung, als die 747-400 bieten kann, während die Zahl der Fluggäste nur um etwa 35 Prozent höher liegt. Eine Kleinigkeit im Vergleich zum Übergang von der Boeing 707 zu den ersten Jumbo Jets vor gut 30 Jahren, als die Passagierkapazität mit einem Schlag um 150 Prozent stieg, aber immer noch ein beträchtlicher Unterschied. Weniger wäre allerdings nicht sinnvoll gewesen, erläutert Thomas Bürger, Product Marketing Manager für die A380, denn nur ein deutlicher Sprung ermögliche die gewünschten geringeren Betriebskosten pro Passagierkilometer. Mit dem Ergebnis, dass die A380 selbst dann noch günstiger fliege als die 747-400, wenn beide dieselbe Zahl Fluggäste beförderten.

Überhaupt nicht nachvollziehen kann Bürger im Übrigen die häufig in den Medien geäußerte – und gelegentlich wohl auch durch gezielte Bemerkungen der Konkurrenz gestützte – Befürchtung, die Fluggesellschaften würden die A380 keinesfalls nur mit 525 Sitzen bestuhlen, sondern schon bald mit 800 und mehr Passagieren vollstopfen. Auch die Boeing 747-400, die maximal immerhin gut 520 Passagieren Platz biete, verfüge heute im Einsatz durchschnittlich über gerade einmal 378 Sitzplätze.

Ein ganz normales Flugzeug

Trotz aller Aufregung, die es wegen der und um die A380 – es ist übrigens „die A380", weil Flugzeugbezeichnungen im Allgemeinen ebenso wie die von Schiffen weiblich sind – gegeben hat, ist festzustellen, dass der Airbus-Riese grundsätzlich ein konventionelles Flugzeug in einer klassischen Rumpf-Tragflächen-Leitwerk-Konfiguration mit unter den Flügeln in Gondeln installierten Triebwerken ist. Auch die beiden komplett durchgängigen Passagierdecks sind keinesfalls von Airbus „erfunden" worden. Eine derartige Konfiguration wies bereits das Transportflugzeug C-124 von Douglas auf, das 1949 zum ersten Mal flog.

Selbstverständlich ist die A380 größer und schwerer als alle bisherigen Verkehrsflugzeuge und deswegen in vieler Hinsicht eine Herausforderung, die ihresgleichen sucht. Die Entwicklungsingenieure mussten mehr als einmal an die Grenzen des technisch Machbaren herangehen, um die Vorgaben der Kunden zu erfüllen, und es erscheint unwahrscheinlich, dass es eines Tages ein noch größeres Passagierflugzeug in klassischer Bauweise geben wird. Die Zukunft dürfte hier den Nurflüglern oder anderen neuen Konzepten gehören. Die Gegenwart aber gehört der A380 …

EIN GANZ NORMALES FLUGZEUG

	Airbus A380-800	Airbus A380-800F	Boeing 747-8	Boeing 747-8F	Airbus A340-600
Länge	72,70 m	72,70 m	76,30 m	76,30 m	75,30 m
Spannweite	79,80 m	79,80 m	68,50 m	68,50 m	63,50 m
Höhe	24,10 m	24,10 m	19,40 m	19,40 m	17,30 m
Rumpfdurchmesser	7,14 m	7,14 m	6,49 m	6,49 m	5,64 m
Flügelfläche	846 m²	846 m²	539 m²	539 m²	439 m²
Sitzplätze [1]/Cargovolumen	525	1.133 m³	467	854 m³	380
Max. Sitzplatzzahl/Nutzlast	853	150 t	581[4]	140 t	475
Reisegeschwindigkeit	Mach 0,85	Mach 0,85	Mach 0,855	Mach 0,845	Mach 0,83
Maximales Abfluggewicht	560 t	560 t	442 t	442 t	380 t
Reichweite	15.200 km	10.400 km	14.815 km	8.130 km	14.600 km
Treibstoffkapazität	310.000 l	310.000 l	242.470 l	229.980 l	204.500 l
Radstand [2]	30,20 m	30,20 m	29,67 m	29,67 m	33,30 m
Spurbreite [3]	14,30 m	14,30 m	12,73 m	12,73 m	12,60 m

1) Drei-Klassen-Bestuhlung
2) Abstand zwischen der Achse des Bugfahrwerks und dem Mittelpunkt des Hauptfahrwerks
3) Äußerer Abstand der äußeren Hauptfahrwerksräder
4) Bei einer Zwei-Klassen-Bestuhlung

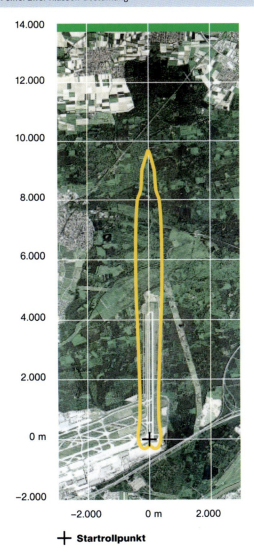

+ Startrollpunkt

Boeing 747-400

Airbus A380-800

Obwohl moderne Verkehrsflugzeuge erheblich leiser sind als ihre Vorgänger vor 30 oder 40 Jahren, sind Lärm-Emissionen nach wie vor ein zentrales Thema bei der Entwicklung eines neuen Flugzeugs. Die A380 macht da keine Ausnahmen. Die Darstellung verdeutlicht, um wie viel kleiner der von einer 560 Tonnen schweren A380 beim Start von der Startbahn West des Frankfurter Flughafens erzeugte Lärmteppich im Vergleich zu dem einer 394 Tonnen schweren Boeing 747-400 ist.

DANKSAGUNG, ABBILDUNGSNACHWEIS UND AUTOREN

Es war nicht immer leicht, das Material für dieses Buch aufzuspüren und zu verarbeiten. Ohne vielfältige fremde Hilfe, das geben die Autoren gerne zu, wäre dieses Buch nicht so umfassend und informativ geworden. Deshalb sei an dieser Stelle all denen gedankt, die ihre Zeit geopfert und mit ihrem Engagement und Wissen geholfen haben. Allen voran sind das Wolfgang Absmeier, Manfred Birnfeld, Thomas Bürger, Richard Carcaillet, Willy-Pierre Dupont, Marie Francoise, Barbara Kracht, Francoise Maenhaut, Odilo Mühling, Thomas Nielsen, Christian Poppe, Jerome Pora, Tore Prang, Karen Rauschenbach, Anke Schack, Stefan Schaffrath, Jürgen Thomas, David Voskuhl und Hartmut Wegener.

Achim Figgen, Karl Morgenstern und Dietmar Plath

Bildnachweis

Airbus SAS (Fotografen Hervé Goussé, Philippe Masclet, S. Ogenier, F. Espinasse): 21 unten, 22, 23, 30, 32, 33, 37, 40, 41, 45, 48, 52–54, 68-73, 76, 84–85
Airbus photo by exm company Hervé Goussé: 26/27, 34/35, 46/47
Airbus/Michael Lindner: Titel, 92/93, Umschlagrückseite
Airbus SAS Hamburg: 19, 25, 31, 36, 94, 110-119
Airbus SAS Toulouse: 14, 15, 16 oben, 74–75, 78–79, 83, 90, 95, 126
Archiv Aero International: 10, 11, 17, 63, 105–109, 122, 123
Archiv Dietmar Plath: 8/9, 12, 13
Dietmar Plath: 6/7, 16 unten, 18, 20, 21 oben, 28, 38/39, 42/43, 50/51, 64/65, 66, 67, 77, 80/81, 82, 86 unten, 88, 89, 100/101, 120/121, 124/125
Flughafen München: 102
GE Aviation: 58–62
Lufthansa: 95–99
Lufthansa Technik: 90 unten, 91
Manfred Birnfeld: 69
Rolls-Royce: 55–57
Singapore Airlines: 86 oben

Achim Figgen – Dass sein Beruf einmal „etwas mit Flugzeugen" zu tun haben musste, stand für den 1969 geborenen Sauerländer schon seit seiner Kindheit fest. Folgerichtig absolvierte er zunächst ein Studium der Luft- und Raumfahrttechnik an der Universität Stuttgart, ehe er sich 1995 vom Ingenieursleben ab- und dem Schreiben zuwandte, um für das Zivilluftfahrtmagazin Aero International zu arbeiten. Dort ist er auch heute noch tätig und befasst sich vorrangig mit den Themenbereichen Business Aviation sowie Industrie und Technik. Als Co-Autor hat er darüber hinaus bereits mehrere Bücher zum Thema Luftfahrt verfasst.

Karl Morgenstern, Jahrgang 1933, gehört seit vier Jahrzehnten zu den profundesten Kennern der europäischen und amerikanischen Luftfahrt, ist im besonderen Maße auch Airbus seit den schwierigen Gründerjahren verbunden, hat sich darüber hinaus vor allem der Pilotenausbildung gewidmet und für den Segelflug engagiert. Der Hamburger wurde mit der Goldenen Daidalos-Medaille und der Ehrenmedaille in Gold des Deutschen Aero-Clubs ausgezeichnet und erhielt 1999 den Hugo-Junkers-Preis für eine umfangreiche Untersuchung über das Schicksal der ehemaligen Interflug-Piloten der DDR. Zahlreiche Buchveröffentlichungen seit 1977 – unter anderem „VFW 614", „Airbus A320/A321", „Airbus A330/A340", „Beluga", „Aeromantics", „Airbus A318/A319/A320/A321" und „Delta Air Lines".

Dietmar Plath – Der 1954 geborene Otterstedter gehört zu den erfahrensten Fotografen in der Welt zwischen Himmel und Erde. Über 100 Länder auf allen Kontinenten besuchte Dietmar Plath, um interessante Flugzeuge in den kühnsten und exotischsten Farben und Bemalungen oder vor faszinierenden Landschaften festzuhalten und der Öffentlichkeit zu vermitteln. Neben vielen Kalendern demonstrieren zahlreiche Luftfahrtbücher und Bildbände sowie eindrucksvolle Fotoreportagen in renommierten Magazinen wie GEO, Stern, Time, Aero International, Flight International und Aviation Week sein vielseitiges Repertoire.

Die ganze Welt der Luftfahrt

ISBN 978-3-7654-7004-2

ISBN 978-3-7654-7052-3

ISBN 978-3-7654-7011-0

ISBN 978-3-7654-7003-5

Das komplette Programm unter www.geramond.de